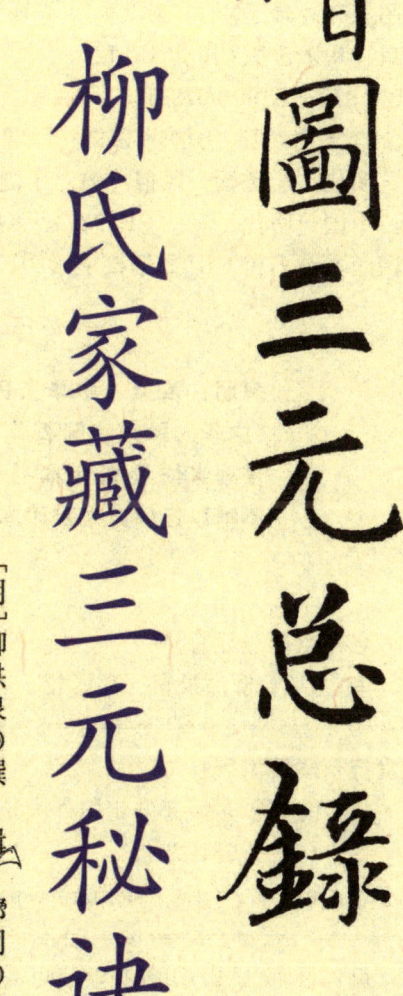

繪圖三元總錄
柳氏家藏三元秘訣

[明]柳洪泉 ◎ 撰
鄭同 ◎ 校
輯

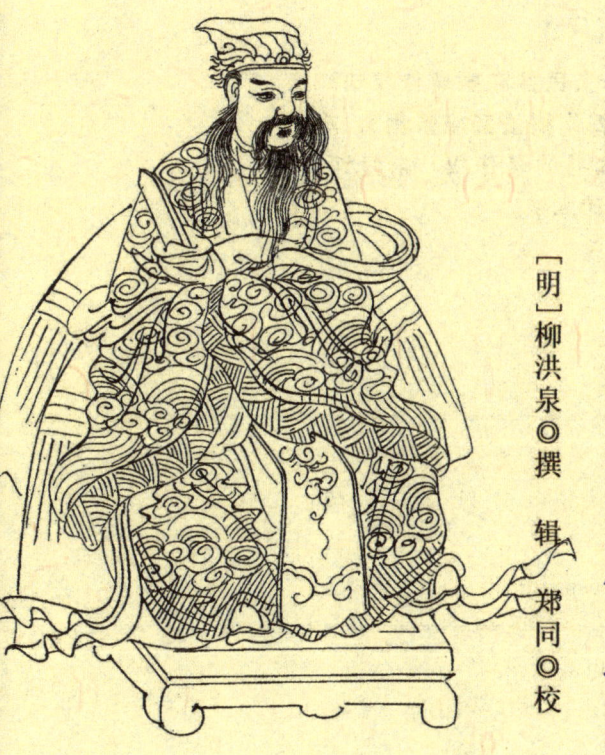

華齡出版社

责任编辑：薛　治
责任印制：李未圻

图书在版编目（CIP）数据

绘图三元总录 /（明）柳洪泉辑；郑同校.
—北京：华龄出版社，2015.12
ISBN 978-7-5169-0629-3

Ⅰ.①绘…　Ⅱ.①柳…②郑…　Ⅲ.①住宅-风水-中国-明代　②婚姻-风俗习惯-中国-明代　③葬俗-风俗习惯-中国-明代　Ⅳ.①B992.4②K892.22

中国版本图书馆CIP数据核字（2015）第 264201 号

声明：依据《中华人民共和国著作权法》及《中华人民共和国著作权法实施条例》，本书整理者依法享有本书的著作权。未经许可，不得以任何方式翻印本书。

书　　名	绘图三元总录
作　　者	（明）柳洪泉辑　郑同校

出版发行：	华龄出版社		
地　　址：	北京市东城区安定门外大街甲57号	邮　编：	100011
电　　话：	(010) 58122246	传　真：	(010) 84049572
网　　址：	http://www.hualingpress.com		

印　　刷：	旺都(唐山)印务有限公司		
版　　次：	2015年2月第1版　2025年1月第6次印刷		
开　　本：	710×1020　1/16	印　张：	15.75
字　　数：	256千字		
定　　价：	48.00元		

版权所有　翻印必究

本书如有破损、缺页、装订错误，请与本社联系调换

三元总录序

尝谓阴阳之书由来旧矣,多有假借先贤名目,各执己见,擅为著作,虽长篇累牍,如盈庭聚讼,滋人迷惑;不审阴阳二路之源流,不察星宿卦例之真伪;且古圣先贤之妙绪,著书行于世者,惟管公明、郭景纯为极。至于参究管郭之旨,发明其所未发,以开来学,惟袁天罡、李淳风、曾杨二仙而已。若吾祖父辈,亦尝私淑,颇得精微,视吾家口授心传,辄以遗书口诀执窃。尝于闲居之暇,择其旨要,著为三册:宅元、婚元、茔元,虽文字浮浅,而察于阴阳之精详,诸家之疑同,约而有理,简而无误,指迷途而归正道,庶有裨于将来,阴阳学术,非浅鲜矣。秀吾刘先生题曰"三元秘诀",盖以兹书乃密传秘授,展卷则明心开窍,窃恐不易得耳。一得之亦不难明,学者求有得焉,而潜心会之,则于斯书庶乎其不失矣。

万历四十六年四月二十四日书于堪舆之中

新刊阴阳柳洪泉撰三元序

　　夫趋吉避凶，古今定理，故古圣人立为阴阳者，正所以定民之犹豫，决民之嫌疑，明乎吉凶之理，俾民佥知趋避者也。然迩来学多支离，词多汗漫，心多茫昧，竟何益于世，何传于后乎？适柳君安，别号清菴，穷玄扶微；及子名鋡，别号洪泉；若孙应光、重光者，术经三世，学博群书，期以继往哲，开来学，梓宅元、婚元、茔元一书，而名之曰"三元秘诀"。予披揽之，不觉喟然叹曰："清菴君与子若孙，真阐阴阳之正理而不杂于邪曲也，提阴阳之要旨而不流于汗漫也。即金之精纯，镜之明彻，亦不过是，岂可以寻常阴阳家概自之哉！"细味之，真可推之天下，垂之万世。而付剞劂氏，愿与四方知阴阳者共相证焉。

时万历甲寅岁仲夏吉日书于月白山房

祥邑庠生王运昌谨序

目 录

三元总录序 1
新刊阴阳柳洪泉撰三元序 2

柳氏家藏宅元秘诀卷上 1
宅元论 1
宅地形势 3
地形之式　宅茔一理 4
相房杀口诀攒十字 11
郭璞相宅口诀 16
柳洪泉相宅口诀 17
又口诀 18
又口诀 18
相宅口诀 18
大游年起手 20
九星论 21
八卦歌 21
巧番八卦 21
又口诀 22
九星歌 23
九星明断诀 25
命元建宅 26
五虎元遁 27
子起时法 28
命前五辰口诀 29

命前五神定局	29
行年建宅	31
游年变宅	32
起九宫八卦所生	32
修盖神杀	33
劫灾岁三杀	33
千斤杀	34
大偷修日	34
门光星	35
安门咒曰	35
安厨灶方	36
安灶口诀	37
安锅吉凶日	38
谢土日	39
穿井利方	40
上官不祥日	41
天迁图	42
上梁筛子方位	42
殃狼神咒	42
竖造宅舍	43
入宅归火	43
开渠穿井	43
袭爵上任	43
移床周堂图	44
分居周堂图	44

柳氏家藏婚元秘诀卷中　45

合婚	45
附：吕才合婚图	48

男妨妻多厄、望门鳏月 …… 53
女妨夫多厄、望门寡月 …… 53
纸簸箕月 …… 55
白衣杀 …… 55
男命金星 …… 55
女岁星月 …… 55
死墓妨克 …… 56
论天乙贵人 …… 56
十干禄财月 …… 58
十二支命财月 …… 59
孤辰寡宿月 …… 59
男女破败凶月 …… 60
男女孤虚月 …… 60
胎胞相冲月 …… 61
配男女生克 …… 61
内三堂 …… 62
外三堂 …… 63
内三堂歌曰 …… 64
外三堂歌曰 …… 65
十二长生 …… 66
小游年 …… 66
宫卦例 …… 66
命卦例 …… 66
选择嫁娶婚书式 …… 66
行嫁利月 …… 68
又附起例 …… 68
翁姑禁婚 …… 68
男禁婚命星 …… 70
女禁婚岁星 …… 71
上头避忌 …… 72

上下轿方向	72
安床方向	72
抵向太白星忌之	72
五鬼方位	72
红沙日	73
红嘴朱雀日	73
日游鹤神	73
七杀星	74
结婚嫁娶	74
男冠女笄	74
养子纳婿	75
纳婿周堂	75
纳婿周堂图	75
嫁娶周堂	75
白虎周堂	76
白虎周堂图	76
白虎方	77
十二黄黑道日时	77
喜神方	77
喜神喜不喜	78
增福神方	78
财神方	78
枯焦日	79
母仓日	79
瘟神日	79
太岁出游日	79
天文日月	80
定太阳出落歌	80
太阴出时	80
定寅时	80

参辰寅时	81
占雷鸣	81
二十八宿定阴阳	81
四季断雨	81
占立春吉凶	82
占正旦子日吉凶	82
月忌日	82

柳氏家藏莹元秘诀卷下 … 83

莹元论	83
洪泉柳氏编注殃杀便览	83
天干重丧	84
地支重丧	84
死不知时	85
立春正月节	87
惊蛰二月节	89
清明三月节	91
立夏四月节	93
芒种五月节	95
小暑六月节	97
立秋七月节	99
白露八月节	101
寒露九月节	103
立冬十月节	105
大雪十一月节	107
小寒十二月节	109
镇物符	111
墓呼日	122
禳重丧法	123

逐日入棺吉时	123
太岁后二辰	125
天月日	126
逐月三十日镇	127
神杀杂镇	136
安五精镇符	163
殃杀出日时	164
十二月将	165
殃杀出方化气	165
殃起尺数	166
日干重复	167
妨忌生人	168
禳殃不出	168
殃煞占处	170
知死时	170
承凶之葬	171
百日内不合葬	172
一年内忌再迁	173
立新地忌日	173
葬日避忌	174
掘见古冢	174
祭主避忌	175
亡人化道	176
选葬金镜赋	176
修坟取土	178
选葬年月日五姓傍通	179
葬日周堂	181
斩草被克日	182
呼龙杀	183
扫地空亡	183

冷地空亡	184
入地空亡	185
启攒改葬日	186
天牛不守冢日	187
祭主本命忌	187
六十花甲子	188
二十四家山不宜开山向	188
山家墓龙变运年月日时	192
山家墓运	194
斩草破土日	194
五音安葬吉日	195
启攒镇物	195
仙师敕令	195
棺墓镇物	196
祭主见骨	196
合寿木	196
论纳音	197
附:逐月合寿木吉日	197
附:逐月开作生坟吉日	198
附:逐月安葬吉日	198
附:治寿圹作灰隔法	199
显、曲、专三星	200
金神七杀日	201
借急择时	201
单葬押圹	202
玄女分金大葬	203
论小葬利方	204
改正大葬	204
三父八母	204
破俗弃葬	205

不忍殡葬 ………………………………………………… 205
破堆金葬 ………………………………………………… 205
押镇神咒 ………………………………………………… 205
斩桑咒 …………………………………………………… 206
悬棺点主 ………………………………………………… 206
附:悬棺点主口诀 ……………………………………… 206
附:散五谷口诀 ………………………………………… 207
附:逐月成服吉日 ……………………………………… 208
回灵趋吉 ………………………………………………… 209
除服吉日 ………………………………………………… 209
附:逐月除服吉日 ……………………………………… 209
除灵周堂 ………………………………………………… 209
附:除灵周堂局 ………………………………………… 210
附:除灵周堂值局趋避 ………………………………… 210
附:停丧、移柩 ………………………………………… 211
改写神主格式 …………………………………………… 211
先行祭告 ………………………………………………… 211
改主毕请主入庙安奉祭告 ……………………………… 211
文公家礼 五等制服 …………………………………… 212
三父八母 ………………………………………………… 213
开山斩草礼仪式 ………………………………………… 213
祭坛图式 ………………………………………………… 214
明堂安奉图 ……………………………………………… 215
外四门对联 ……………………………………………… 216
内四门对联 ……………………………………………… 216
五帝标 …………………………………………………… 217
插标分路 ………………………………………………… 218
请神告文 ………………………………………………… 218
告五方 …………………………………………………… 218
明堂祭土府 ……………………………………………… 219

祭幽堂	219
祭太岁	219
祭阡陌	220
送神文	220
立券文契	220
坛内纸张明堂物件	222
砌明堂口诀	223
直符神	223
斩草仪注	224
下针定向	224
划穴起土	224
附:盖棺口诀	224
附:封钉口诀	225
附:赐杖口诀	225
附:承服口诀	225
附:外家接服口诀	225
附:外家封棺口诀	225
附:开锣口诀	226
明堂步数	226
祭坛仪物	226
幽穴浅深	226
封墓高低	227
葬后谢墓	227
谢神告文	227
旧坟告祖	227
立碑示论	228
附:竖碑口诀	228
乡俗通葬	228
五音姓氏	236

柳氏家藏宅元秘诀卷上

宅元论

夫宅舍之造,有自来矣。周公使昭公相宅,卜得吉,非有神杀之论。后来卜之而废,择之方兴。大抵宅内四方平正,前平后高,右平左高,四水来朝,地基滋润,房少人多,墙垣周密,天井明亮,最为利也。四方坑洼,道路相冲,房墙箭射,房多人少,前高后低,左低右高,左昂右缺,右昂左缺,地上干燥,当门见井,砲磨碾灶,当门山柱,枯树墙头,门水并出,天井阴暗,入门破秽,门水不合,轻意营造,勿作邪说,斟酌可也。

诗曰:或山或路或坑凹,或宅或林两路夹。

或水山河来冲射,百步之外不为差。

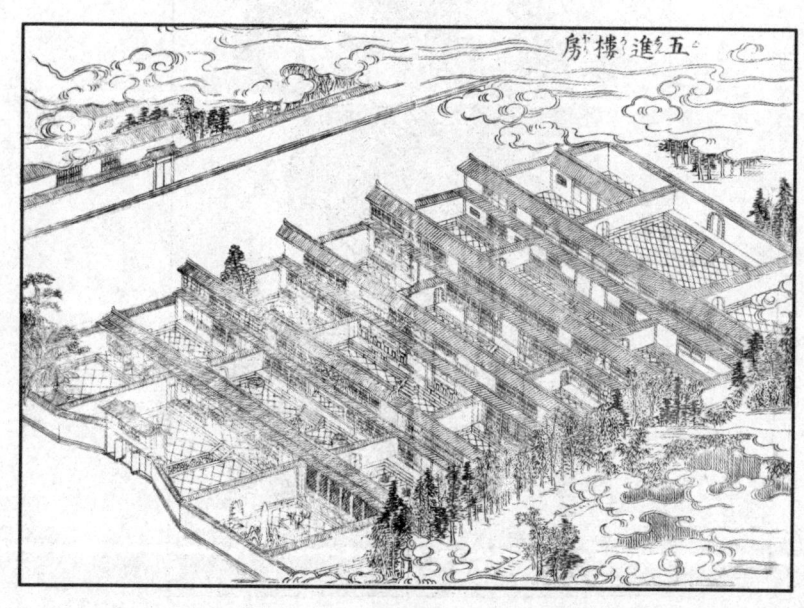

绘图三元总录

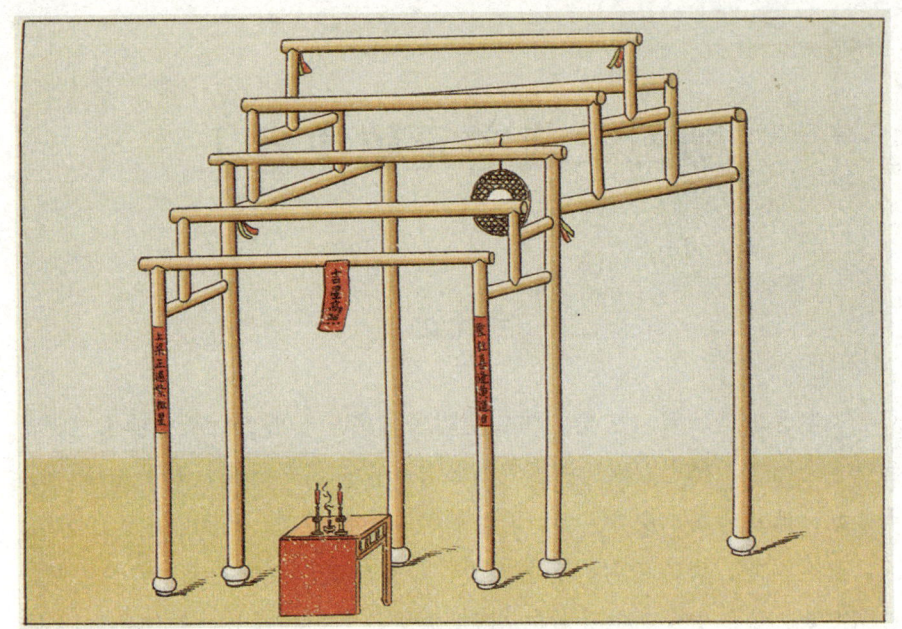

宅地形势

万物之中，惟人为贵。上古之民，冬居窟穴，夏居巢窠，与禽兽相处。轩辕帝出，创立制度，经土设井，以塞争端，相地之宜，修城池，造宫室，分八宅，布爻象，俾民趋吉以避凶也。

凡建宅庄，必择吉地，欲其四神全备，五患不侵，后有所倚，前有所凭，左右完固，地势平夷，谓之福厚善地。

不宜当路口处、众水流处。大抵门口百川龙口、山脊冲射、炉冶窑场、军营战场、牢狱刑戮、寺庙祠社、古冢坟茔、楼台殿阁、古塔浮屠及草木不生之处，散乱返背、坑凹偏峻、四边交道，皆不吉也。今将宅地形势不足者，述之于后。

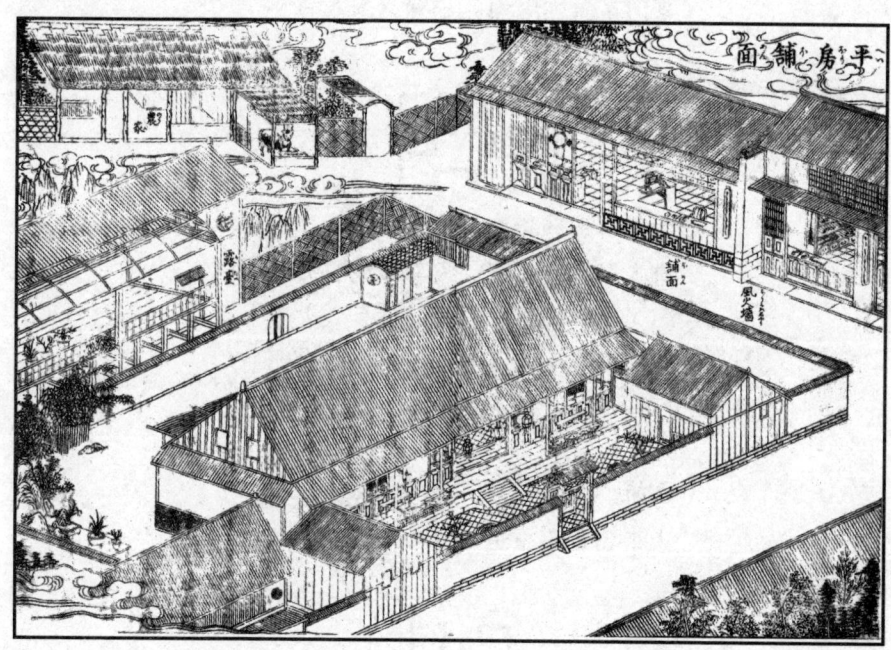

地形之式　宅茔一理

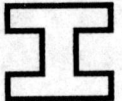

金鸡玉兔两不全，名曰自如始初安。
平生人多残患疾，细腰宫内岂常欢。

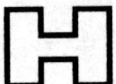

子午两宫地不全，居之争讼凶事连。
豪门富贵生财地，福禄兴发旺百年。

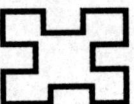

子午卯酉四正空，正空攒拱入中宫。
有人居之大富贵，发福发财喜亨通。

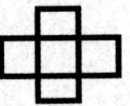

四维不足是残龙，宅舍居之主大凶。
人口伤亡田蚕退，年年争讼取招供。

午宫不足主平安，修作坟宅定喜欢。
若是居之年代久，子孙富贵出高官。

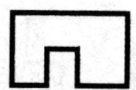

子地不足是可忧，官司口舌几曾休。
时术未知其中理，玄武后宫劐破头。

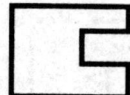

酉位不足虚折腰，居之凶祸定难逃。
盖因宅地全无德，人口灾亡即渐消。

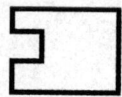

卯位不足兔缺唇，青龙开口福来臻。
安居坟舍人兴旺，进喜发财百事欣。

未申不足却安然，坤缺幞头永静闲。
此室居之人口旺，子孙后代出官员。

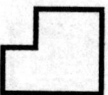

辰巳不足喜非常，居宅富贵大吉祥。
若是安葬定有力，子孙兴旺有钱粮。

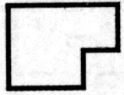

戌亥不足有灾殃，不宜官禄少吉祥。
子孙缺欠不兴旺，虽有兄弟老见伤。

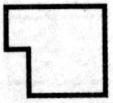

丑寅不足吉庆来，鬼门缺陷福门开。
年年人口多兴盛，富贵声名四海扬。

宅地若然南北长，年年兴旺进田庄。
子孙茂盛人堪羡，富贵荣华大吉昌。

东西宽者不相当，南北短促人少亡。
浅薄出人多浅薄，后来吉庆必荣昌。

地形左短右边长，人眷居之大吉祥。
家内资财积富贵，年深犹恐缺儿郎。

右短左长不可居,其庄久后子息稀。
钱财不旺人不利,宜早修茔添补吉。

前宽后窄棺材形,居之贫乏不安宁。
人丁资畜时常损,悲泣伤情苦痛声。

前狭后宽富贵兴,子息昌盛有前程。
进财发福田庄旺,地久天长福禄增。

月星之地出仙人,庶民居此不受贫。
子孙代代封官职,光显门庭共六亲。

抱环银带水成渠,家门兴旺禄有余。
钱财五谷常积聚,子子孙孙聪慧奇。

月地金星两边频，居之富贵出贤人。
人口平安多吉庆，六畜兴旺自成群。

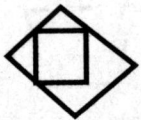

四角有路主大凶，但凡茔舍不可逢。
人口伤残多病死，投河自缢不曾停。

四道周阑似井栏，官词因讼四肢残。
虽然儿孙一时好，日后零落实可怜。

两边有水流，英雄显二龙。
此宅家道盛，官位至三公。

宅舍实可求，西南水东流。
此处安茔舍，三公又封侯。

前面有水头,东西两下流。
子孙难兴旺,常守孤贫忧。

两道白虎殃,百事不成祥。
失火家财破,争讼口舌伤。

十字路中庄,此地是不良。
家长多主病,男女必遭殃。

四面无势八方平,学浅之人并不通。
葬后不经三两辈,高官富贵旺人丁。

东西两边门,多出横死人。
震兑相冲照,耗尽家财贫。

中高似莲花，安庄必大发。

家财多富贵，紫袍金带家。

中窪四下高，修宅莫辞劳。

人口多兴旺，家门显英豪。

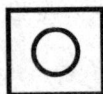

四面俱低心内高，高中一窠出英豪。

四面俱高心内低，低中一乳最为高。

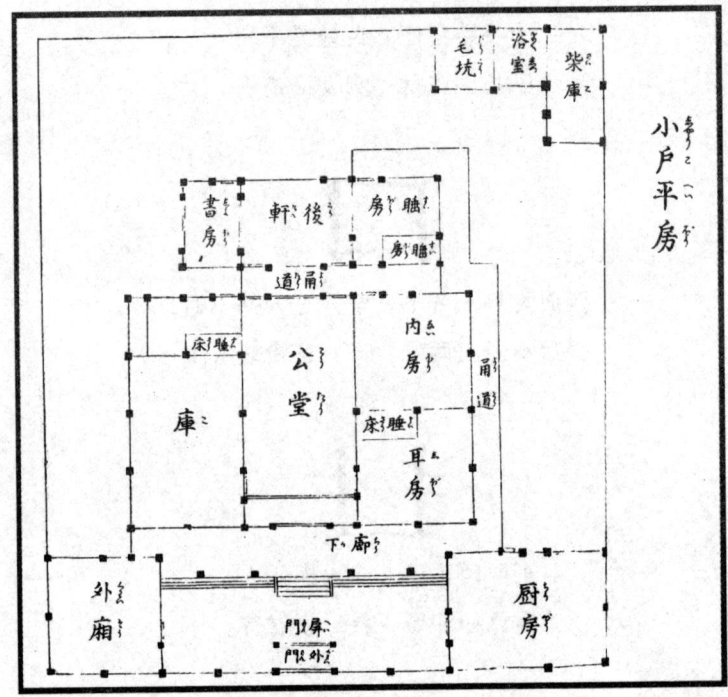

相房杀口诀攒十字

上古民无栋宇，巢居穴处。
至轩辕始制度，建立宅庄。
分阴阳配五行，二十四向。
画八卦定九宫，十五分房。
东四宅西四宅，年月命运。
内三爻外三爻，生克灾祥。
乾老公坤老母，艮兑西向。
震长男巽长妇，坎离东庄。
生天延伏位吉，孤雄建旺。
五祸六绝命凶，喜怪殃狼。
四吉方仓库门，妻宫添畜。
四凶位厨灶碓，井厕池塘。
宅气旺多发福，子孙财盛。
宅气衰偏生祸，家败人亡。
爻象中有房杀，伤害宅气。
阴阳书断祸福，看在何方。
子丑上有凶房，当家阴损。
艮寅位伤子孙，哭泣悲惶。
卯乙上伤长子，阴小口舌。
辰巽巳损阴小，无财遭殃。
丙午上损阴小，搥胸怨恨。
丁未上招官事，阴病阳伤。
坤庚酉损中子，少亡绝败。
辛戌亥凶房杀，阴损灾殃。
四仲方接小房，损伤人口。
四孟上接小房，常有灾殃。
雁尾房损阴人，又主寡妇。

披麻房滴泪房，小口灾伤。
单侧房暗算房，破财贼盗。
瘫痪房焦尾房，官司火光。
露骨房露肘房，疾病破败。
孤阳房孤阴房，鳏寡灾伤。
晒尸房露星房，破败疾病。
虎头房虎尾房，灾祸难当。
龟背房凤台房，鳏寡瘟嗽。
赤脚房枯骨房，人财散亡。
单翅房双翅房，祸败离乡。
穿心房射肋房，疾病惊惶。
丁字房工字房，非灾横祸。
品字房水字房，小口殀亡。
青龙机白虎枯，破财疾病。
朱雀重玄武泄，贼盗火光。
螣蛇举勾陈狱，官灾火盗。
抬丧房内尸堂，疾病瘟癀。
西南上鸽子房，合养外子。
巽淫乱艮哭泣，乾上阴伤。
两大房夹小房，名为奸孕。
两小房夹大房，亦名扛丧。
三合房四合房，兴隆吉庆。
五患宅五逆宅，成败无常。
乾艮方建明楼，安宁福禄。
艮巽位开门户，怪异不祥。
丁安锅壬安灶，家眷消损。
乾有楼巽有门，家长身亡。
重阳房损阴人，重阴损伤。
房头顶梁柱冲，家长灾殃。
屋山头若开门，四兽张口。

招官司惹口舌，暗箅财伤。
碓磨碾冲门户，财破唇齿。
井对门生淫乱，是非难防。
仓廒向厕屋照，瘟癀狱讼。
窑灶冲图圊对，祸患不祥。
谚语云论五音，窑烧四绝。
常言道按九星，庙打八方。
吉星吉凶星凶，生克制化。
星克宫宫克星，祸败凶殃。
东南庙压龙头，损伤长子。
西北庙坐天门，姚母升堂。
西南庙坐坤头，能押恶物。
东北庙锁鬼门，福禄安康。
震龙庙鼠炼金，人财两损。
兑虎宫猴吃子，破败天罡。
前朱雀搥胸杀，背坐南海。
后玄武安祖师，威震北方。
华盖方建神庙，神安人喜。
阳气宫立庙宇，神旺人亡。
四旺方若安庙，鬼神欣喜。
气散处建庙坛，小口吉祥。
路中宅宜建庙，迎杀护吉。
山来处立神祠，截脉生殃。
立寺观建庙宇，宜合方位。
神护佑人福庆，太平吉祥。
立寺观建庙宇，不宜其位。
神撩乱人灾祸，怪异凶殃。
居寺前住庙后，少亡寡妇。
南房高北房低，家主空亡。
庙对门衙冲门，瘟灾非祸。

坛冲门树指门，口舌官防。
路射门水冲门，反背者祸。
坑照门粪对门，臭秽者殃。
建庄宅安茔域，皆避六箭。
住宫室安寝榻，要趋三阳。
五虚宅五患宅，灾殃频祸。
五实宅五福宅，兴旺荣昌。
横屋多无厢房，灾殃凶横。
前头窄后头宽，富贵安康。
宅背后若流水，金柜无底。
大门内开阴沟，财耗畜伤。
迎财门生蛇水，加官进爵。
退财门黄泉水，破败残伤。
西南上掘坑池，白虎张口。
东南上坏残龙，仓库无粮。
西北坑倒天门，残伤殀寿。
东北坑斩龙尾，破败孤孀。
正东坑断龙腰，损人劫盗。
正西坑破咸池，妇人残伤。
宅后坑玄武头，子孙残缺。
门前坑雀投江，家败浪荡。
泽水困雷水解，皆为不吉。
天水讼风水涣，岂是吉祥。
哭字塘愁目患，人畜伤损。
虎头路多悬颈，扛尸横殃。
路抱宅发福庆，人财兴旺。
坟对宅官灾败，男女夭亡。
先有宅后有茔，阴夺阳气。
先有坟后有宅，人旺吉祥。
凡坟宅水路冲，一切皆忌。

若隔河别烟分，百步无妨。
论爻象阴阳停，家宅安泰。
观地形四兽活，财旺人强。
纯阳房损妻财，人畜损伤。
纯阴房田蚕旺，儿女夭亡。
福德方房高大，自然有庆。
刑祸位屋低小，却也无妨。
四隅首为火星，速成易败。
十字街看水路，接福迎祥。
凡宅地忌四绝，八般凶败。
论人家防五逆，六件不祥。
四吉方合宅体，家兴人旺。
四凶位犯休囚，宅败人殃。
宅后有走马岗，子孙兴盛。
门前有饮马塘，世代豪强。
地滋润草木茂，肥满为善。
地干燥草木焦，破败为殃。
龙有蛇虎有蝎，左右发现。
前有案后有主，奴马成行。
前槐枣后杏榆，竹林吉庆。
东杏凶西槐淫，宅忌栽桑。
周书典通真论，穿街拨向。
搜宅经通天窍，妙诀参详。
断祸福定吉凶，天机至宝。
袁天罡李淳风，传于曾杨。

郭璞相宅口诀

屋前立栏杆,名曰纸钱山。家必多丧祸,哭泣不曾闲。
门高胜于厅,后代绝人丁。门高过于壁,其家多哭泣。
门扇两傍欺,夫妇不相宜。家门多耗财,真是不为吉。

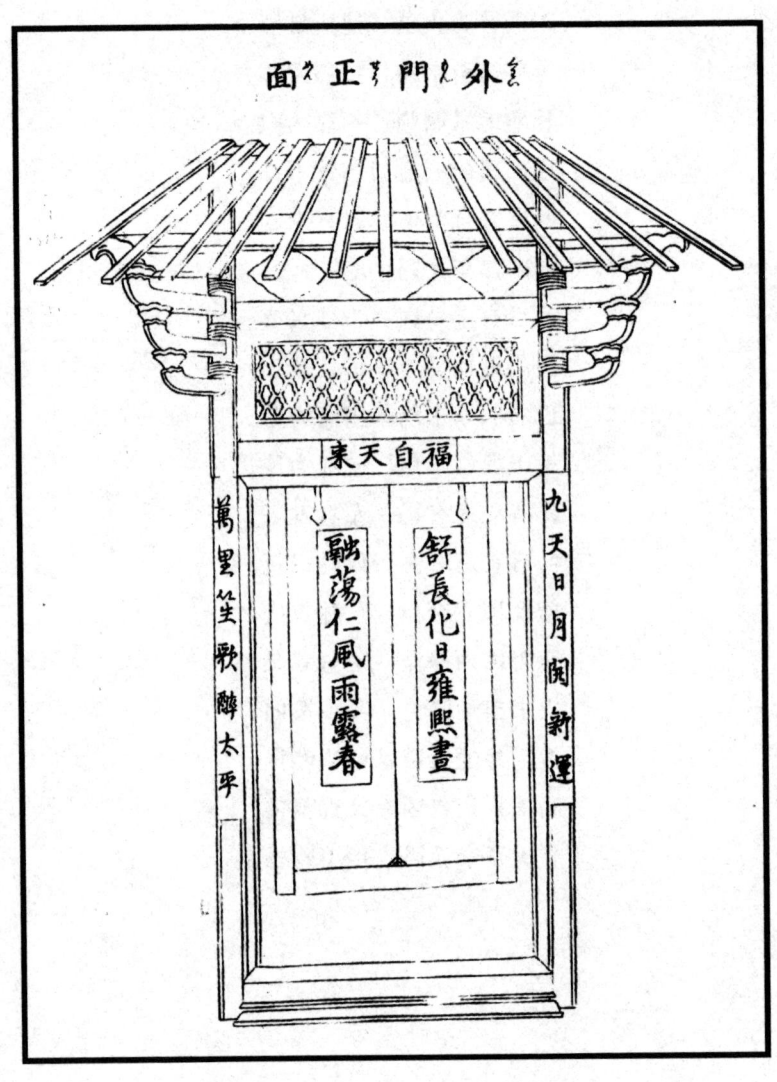

柳洪泉相宅口诀

但看一间屋，名为孤单房。二间乃自如，四六也不祥。
三五都顺利，八间不相当。七九堪可用，万古不虚扬。

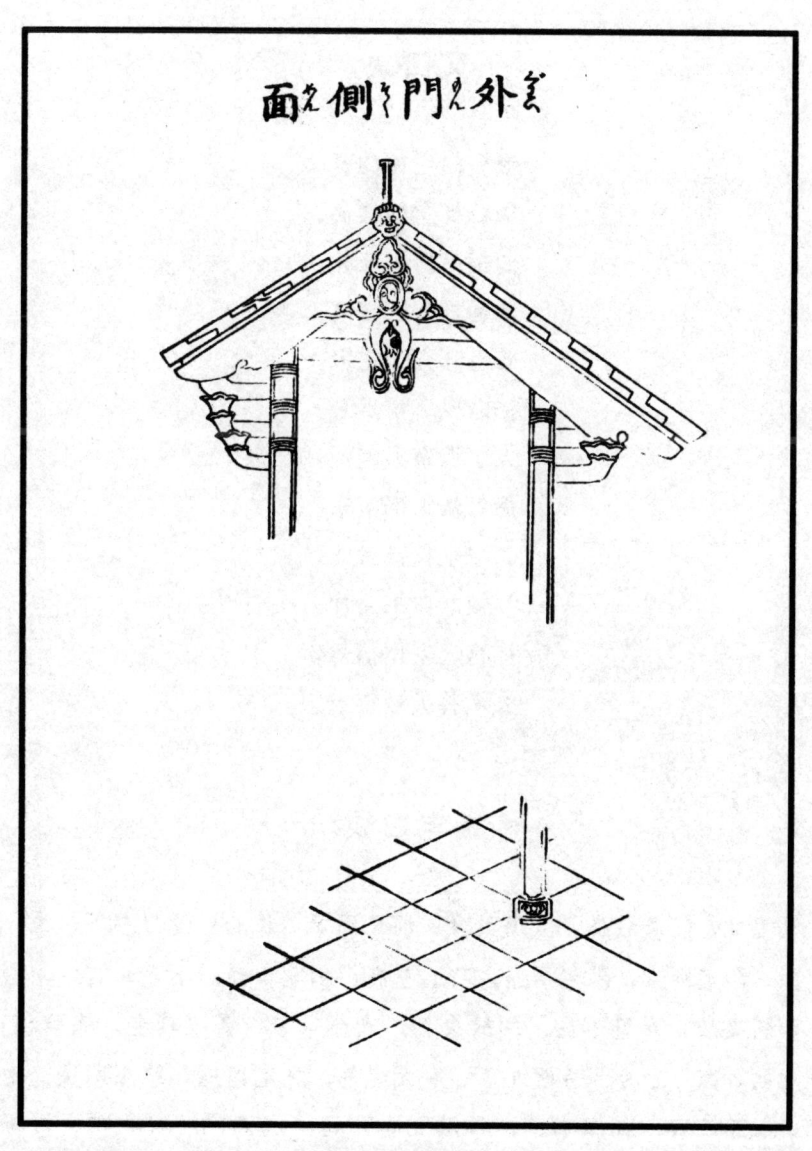

又口诀

五间厅，三间堂，创后三年必招殃。
三间厅，五间堂，起造之后也不祥。

又口诀

碾场白虎榨功曹，
华盖神堂绝立窑。
金柜库房生旺井，
乾坤艮巽旺楼高。
庙坐旺方必主灾，
神欺鬼害自然衰。
人丁六畜财消耗，
祸患从天降下来。
庙居水口镇残龙，
关锁八口来路冲。
神喜人安增福寿，
太平香火贺年丰。

相宅口诀

凡宅地，前低后高，世出英豪。前高后低，长幼昏迷。左下右昂，男子荣昌。阳宅则吉，阴宅不强。右下左高，阴宅丰豪。阳宅非吉，主必奔逃。两新夹故，死绝不住。两故夹新，光显宗亲。新故其半，陈粟朽贯。有东无西，家无老妻。有西无东，家无老翁。坏宅留屋，终不断哭。宅林鼎新，人旺于春。荐屋半柱，人散无主。间架成双，潜资衣粮。接栋造屋，三年一哭。

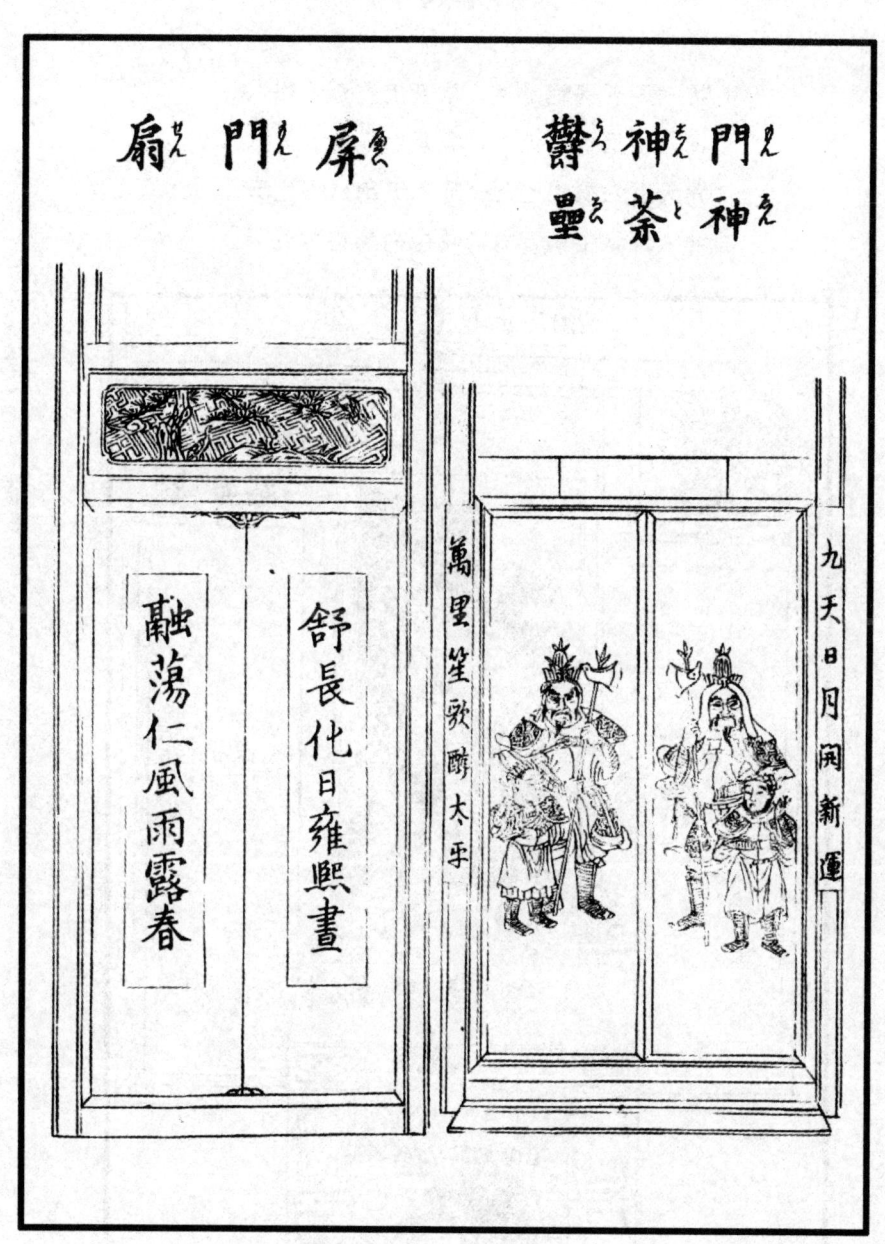

大游年起手

乾六天五祸绝延生，坎五天生延绝祸六。

艮六绝祸生延天五，震延生祸绝五天六。

巽天五六祸生绝延，离六五绝延祸生天。

坤天延绝生祸五六，兑生祸延绝六五天。

九星论

生气贪狼木，祸害禄存土。

六煞文曲水，天乙巨门土。

延年武曲金，五鬼廉贞火。

绝命破军金，辅弼二木星。

八卦歌

乾是伏位，六是六煞，天是天乙，五是五鬼。

祸是祸害，绝是绝命，延是延年，生是贪狼。

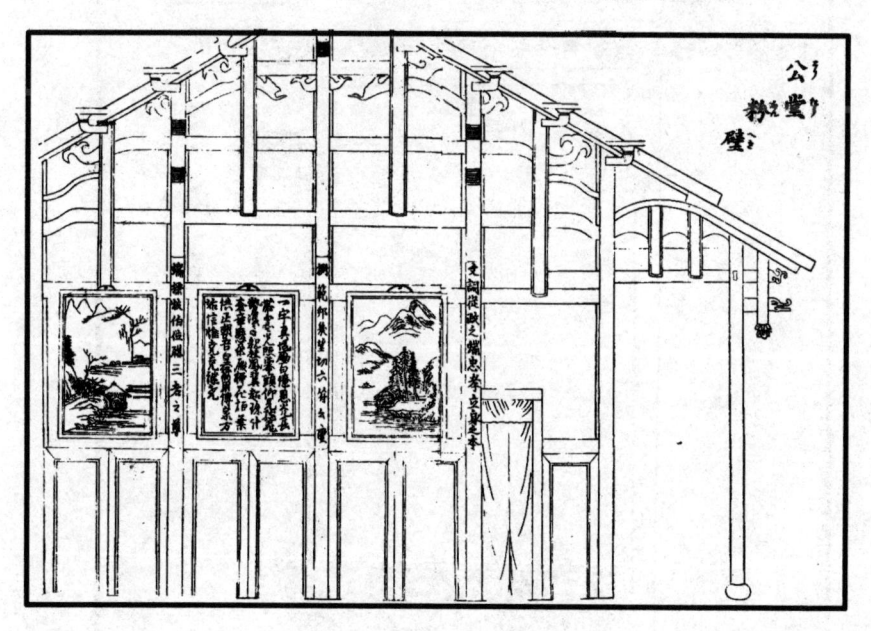

巧番八卦

巨门生武曲，武曲生文曲，文曲生贪狼，贪狼生廉贞，廉贞生禄存，禄存生破军，破军生文曲，文曲生贪狼。如此周而复始，生生无穷。

巨门不生破军，廉贞不生巨门，文曲不生辅弼，辅弼二星不生，因此不言九星，而曰七星。

又口诀

玄空装卦诀，带夫二爻呼。入宅为三象，气口返为初。

门是主，房是宾。宾主相合，星宫相顺，诸事亨通。

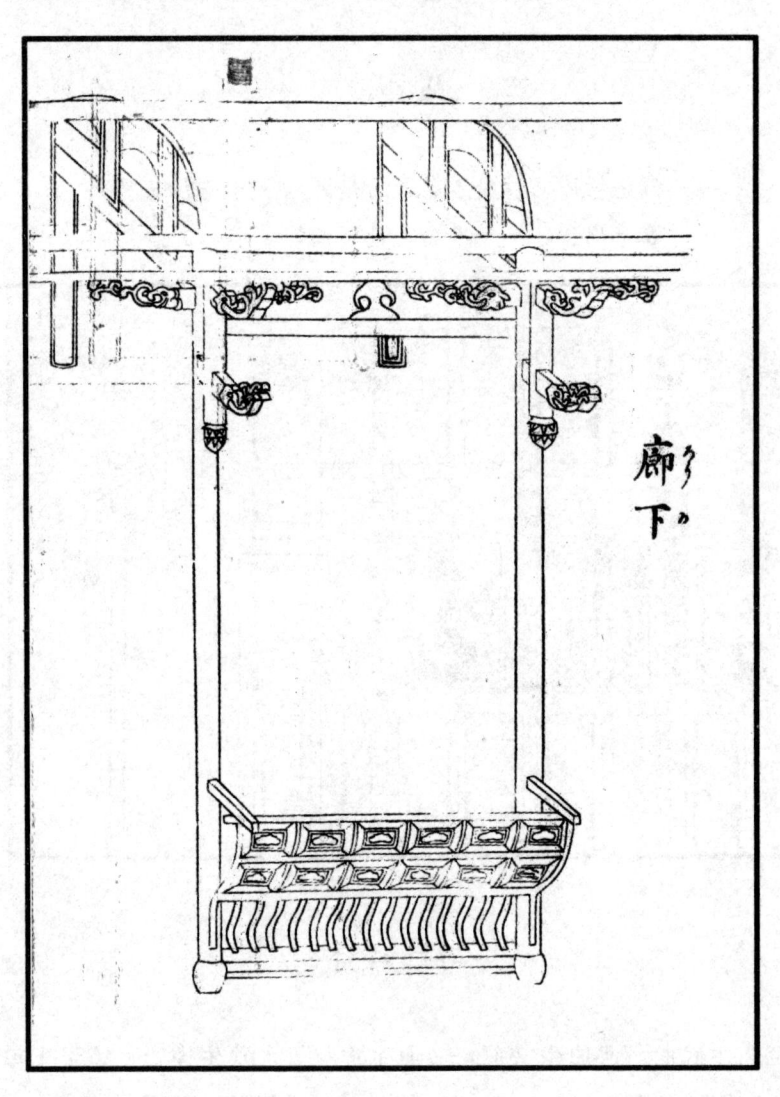

廊下

九星歌

贪狼

贪狼家道隆,五子更英雄。文艺多端正,精专百事通。

巨门

一土巨门星,人财家道兴。功名三教显,医卜性聪明。

禄存

土宿禄存星,人残子不兴,零丁多带破,绝小二房荣。

文曲

文曲涧下水,颠狂不足言。军徙兼忤逆,弃祖败庄田。

廉贞

廉贞独火星,二子败家门。燥暴拖凶恶,拖枪作建军。

武曲

一金武曲星,豪杰出仁门。武雄人慈孝,精专百物能。

破军

破军不可当，黄肿病残伤。有子难延寿，女劳命不长。

辅弼

辅弼二木星，逐势达时荣。见吉多逢吉，逢凶必遇凶。

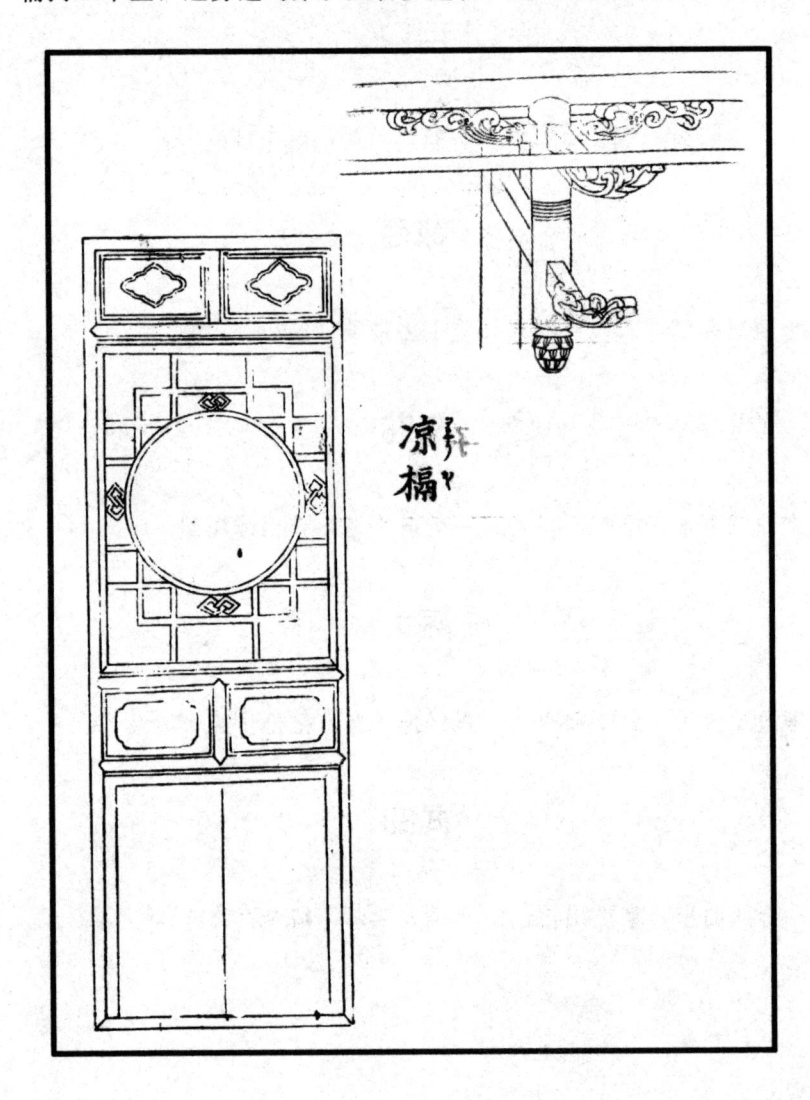

凉槅

九星明断诀 出《阳宅十书》

贪狼

贪狼清高富贵，身荣广置田庄。妻贤子孝有余粮，子孙聪明俊爽。儿孙及弟状元郎，辈辈为官出相。

巨门

巨门美貌端正，妻贤敦厚文章。田蚕万倍有余粮，文官良工巧匠。也出高僧高道，牛羊骡马成行。堪称金榜题名扬，直至为官拜相。

禄存

禄存喑哑疯疾，头秃眼瞎残疾。人丁离散走东西，家中钱财不聚。遭刑自缢离祖，肿疾腰腿难医。舍居守寡受孤危，小房渐渐逃离。

文曲

文曲逃移疾病，事乱落水交杂。田蚕败散绝根芽，不免妻儿守寡。遭刑自缢离祖，钱财一似风砂。生灾小口不荣华，累年渐渐消乏。

廉贞

廉贞出贼颠疯，长房在外作凶。投军不止更迁民，妇女离乡外聘。吐血瘟疫疾病，田宅破散无踪。赌钱吃酒不顾身，累年渐渐逃奔。

武曲

武曲子孙大旺,辈辈文章聪明。妻贤子孝敬双亲,男女个个端正。小房荣华到老,为官渐渐高升。

破军

破军少亡苦死,田宅却与别人。长房小房受饥贫,疥癞疔疮残病。军寇盗贼不止,更迁别处为民。义儿女婿拜坟茔,奔井投河缢刃。

辅弼

辅弼二星作乱,阴人寡妇当家,更兼盗贼定生涯,师婆端公邪法。田宅祖业不守,父南子北离家。外郡迁居乱如麻,祸福阴阳造化。

命元建宅迁移亦用

甲乙青龙吉,丙丁明喜吉,戊己仓库吉,庚辛白虎凶,壬癸盗贼凶。

假如辰生人，金鸡万年不离酉。如丁壬年，以五虎元遁，从寅上起壬，至辰上遇已，为仓库神。余皆仿此。

五虎元遁

甲己之年丙作首，乙庚之岁戊为头。

丙辛之年庚寅上，丁壬壬位顺行流。

戊癸之年何方起，正月甲寅好追求。

子起时法

甲己还生甲，乙庚丙作初。

丙辛从戊子，丁壬庚子居。

戊癸何方发，壬子不须移。

命前五辰口诀

命前五辰是建木，修理宅舍盖房屋。
命前七辰是见骨，开墓纳丧拾旧骨。
命后一辰是拆房，破坏修理拆旧房。
命前七辰为墓神，命前一辰是破墓。
有人通此法，千金不传方。

（图：露台走水漏斗）

命前五神定局 出《阳宅十书》

子生人五神在巳，丑生人五神在午。寅生人五神在未，卯生人五神在申。辰生人五神在酉，巳生人五神在戌。午生人五神在亥，未生人五神在子。申生人五神在丑，酉生人五神在寅。戌生人五神在卯，亥生人五神在辰。且若太岁甲己年，五虎遁起丙寅。

如子生人五神在巳，甲己年遁得己巳，即戊己为仓库神，宜修造，主粟麦盈仓。

如丑生人五神在午，其午遁得庚午，为白虎，主哭泣丧服。

太岁在庚年，五虎遁起戊寅，卯上是己卯。

如戌生人五神在卯，其年遁起己卯，即仓库神，主大利修。

太岁丙辛年，五虎遁起庚寅。

如巳生人命前五神在戌，其年遁起得丙丁，为明喜神，主有大喜悦之兆。余仿此。

行年建宅 男寅顺行中，逆行迁移用

行年建宅小运逢，子午寅申为大通。

登明丑未是小吉，卯辰巳酉戌为逆。

假令壬辰男命，行年二十六岁，于寅上起一岁，顺行，至子十一，至戌二十一、亥二十二，数至卯上，全了二十六岁，其年迍凶，不宜修造。余仿此。

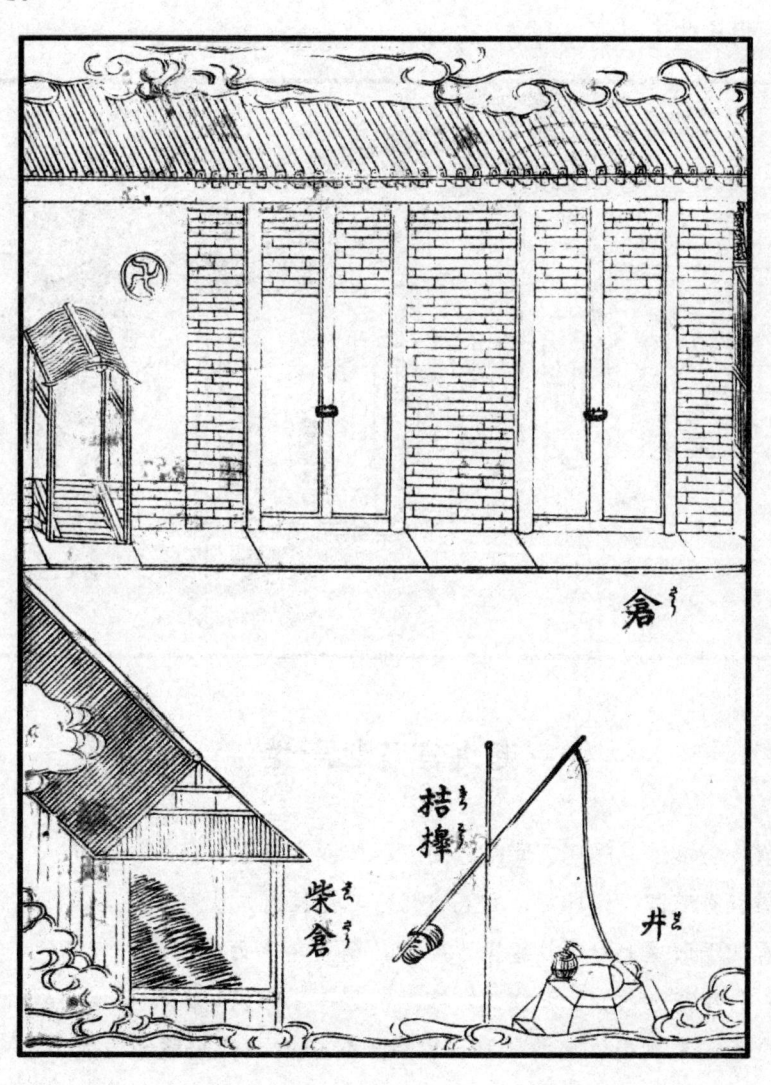

游年变宅

一十兑上起，二十坎中行。

三十居震位，四十离上生。

五十还兑位，零年一顺行。

其法：男女俱于兑上起一十，男顺行，坎上二十，一年一宫。女逆行，离上二十，一年一宫。至本生年几岁，定生宫、合配某卦是也。迁移修造，俱用此法。

起九宫八卦所生

坎一、坤二、震三、巽四、中五、乾六、兑七、艮八、离九。

男五寄二宫，作坤卦；女五寄八宫，作艮卦。从寅一宫至戌九宫。

假如壬辰星上万历廿年生，男命，至于星上万历四十五年丁巳，男离二宫，行年二十六岁，就住二宫坤上，起一十三宫，二十零年，顺行九宫上，全了二十六也。往前一宫，虚数三位三宫，却是震宅生人。添一岁，往后退一宫，如前起。百无一失。

修盖神杀

太岁以下，有百位凶神，各有所司。如营造房屋，曾有旧基不堪住者，欲要添盖修理，只看太岁三杀，余者神杀不必尽看。若在旷野之处创立烟火，须看神杀方位。假令三杀在正东方，太岁东南方，不宜盖造东南二房。先从正南吉方起首，盖到西房，接连北房，转到东房，周围盖完，此方吉多凶少，亦无大咎。或遇水火崩塌、偷梁损柱，更门改水，年年通利。如独盖造，最忌太岁三杀。余仿此。

劫灾岁三杀

申子辰年，杀在南方，西房大利，东房次吉。
寅午戌年，杀在北方，东房大利，西房次吉。
巳酉丑年，杀在东方，南房大利，北房次吉。
辛卯未年，杀在西方，北房大利，南房次吉。

千斤杀

春巽夏坤秋在乾，冬来艮上不安然。
若是犯着千斤杀，死的牛羊万万千。

大偷修日

壬子癸丑共丙辰，丁巳戊午己未行。
庚申辛酉八日内，诸位凶神朝天庭。
兴工连夜及修造，补旧换新大吉亨。
遇师晓得偷修日，便作阴阳行事人。

门光星

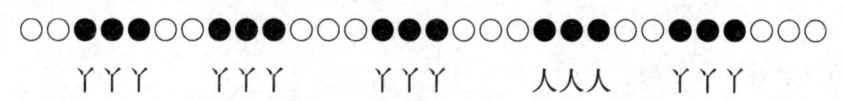

○○●●○○●●○○○●●○○○●○○○

丫丫丫　　丫丫丫　　　丫丫丫　　　人人人　　丫丫丫

明星大吉，丫字损畜，人字损人。

上吉神多者甚利。春不作东门，夏不开南门，秋不作西门，冬不开北门。门不宜多开，水不宜分流。门不宜对门，水不宜中行。不论节气，忌庚寅日，乃大夫死日，不用。

屏风

安门咒曰

天有三奇，地有六仪。玉女守门，凶煞远避。
进喜进财，大吉大利。金玉满堂，长命富贵。
急急如律令。

柳氏家藏宅元秘诀卷上

安厨灶方

宜东方大利，砌灶用新砖，水土洁净，高三尺，长七尺，口八寸。釜用三五日。若釜鸣，不凶。男穿女衣，拜西即止。

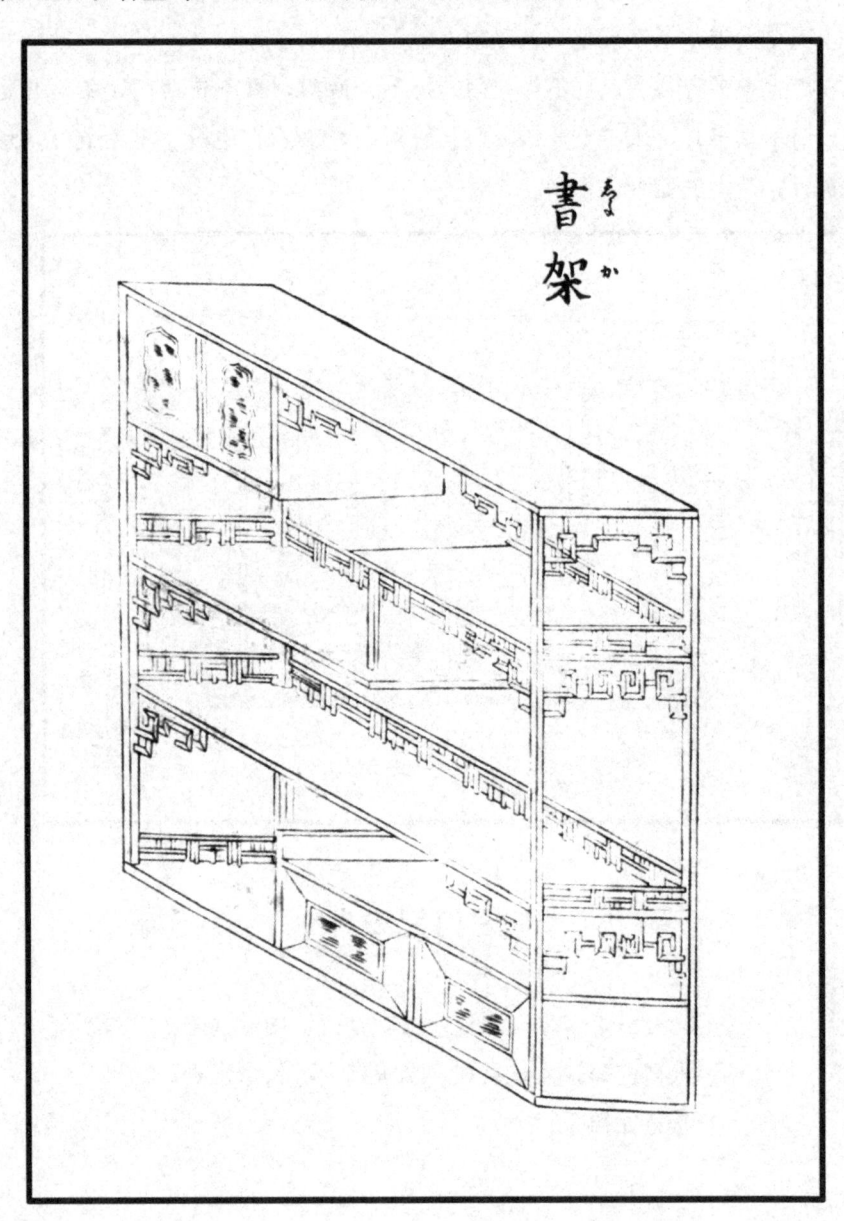

安灶口诀

安灶面西子孙长，向南烧火无祸殃。
面东贫穷北不利，作灶问师仔细详。

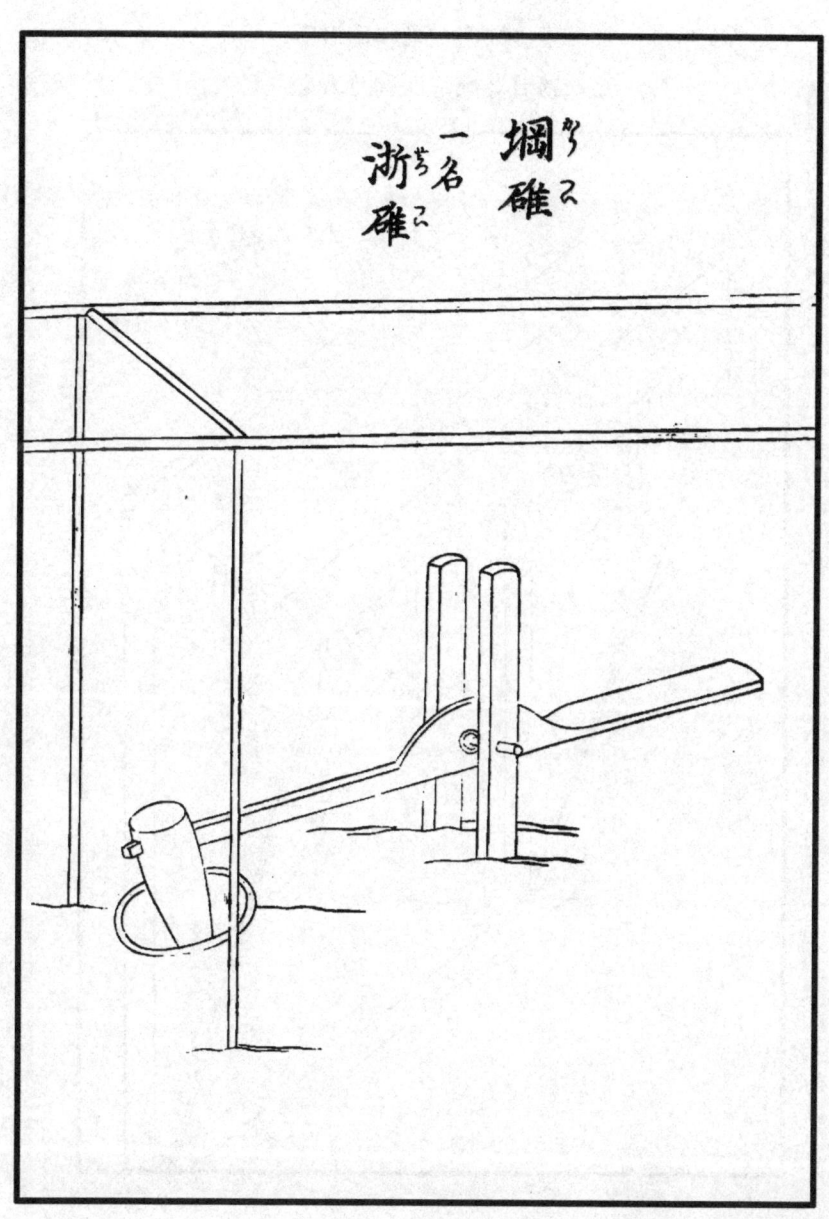

堋碓
一名
浙碓

安锅吉凶日

建破妨家长，除危母受殃。
成满害男女，执闭损牛羊。
开定多财宝，平收进田庄。
八凶君莫犯，四吉乃为良。

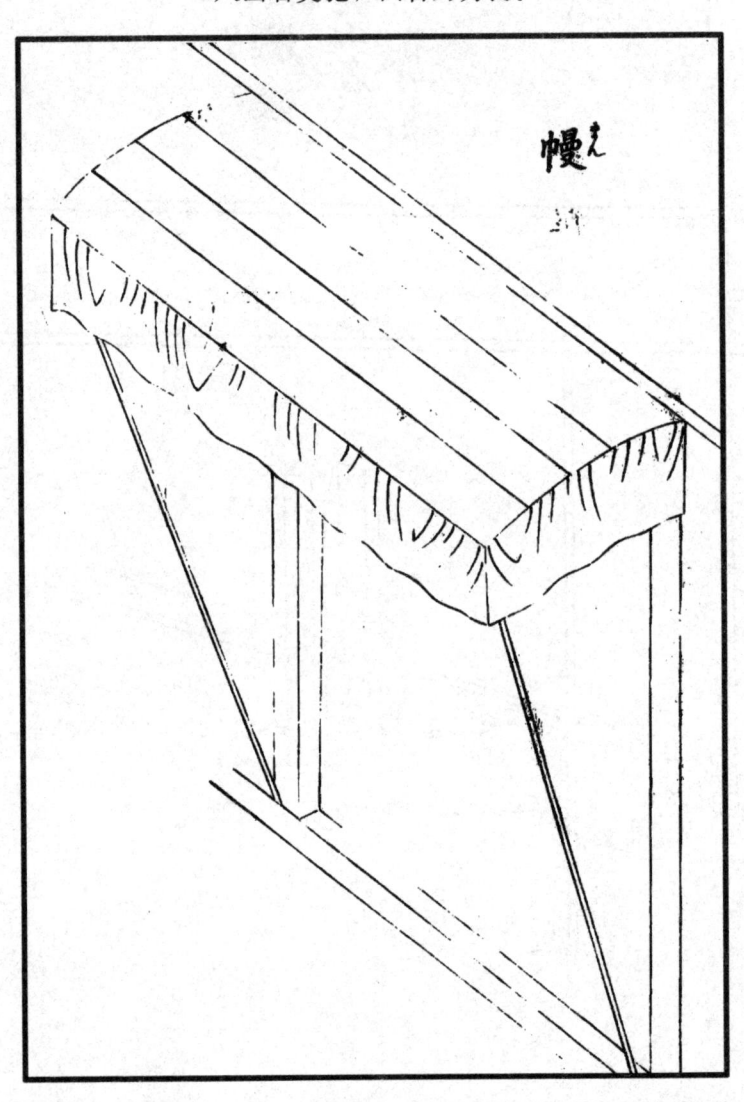

谢土日

庚午至丁丑，甲申至癸巳，庚子至丁未，甲寅至癸亥。合土神入中宫，祭之大吉。

穿井利方

五音穿井在真经，寅卯辰方巳酉通。

其余各方皆不利，百日之内有灾殃。

《经》曰：无故不可塞旧井，三六九月不穿井。

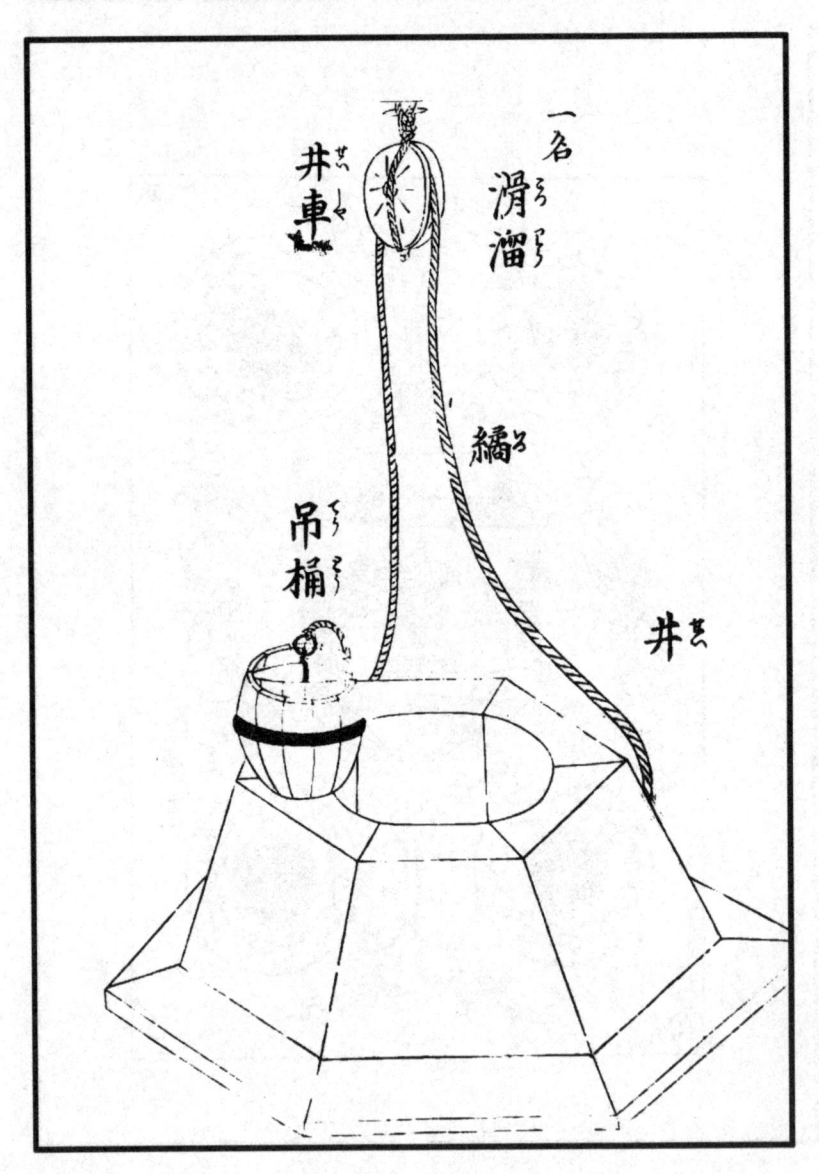

井车 一名滑溜

繘

吊桶

井

上官不祥日

上官初四为不祥，初七十六最堪伤。

十九更兼二十八，愚人不信定遭殃。

运好任中人马死，改任终须有一场。

若是为官知此日，官升职显禄高强。

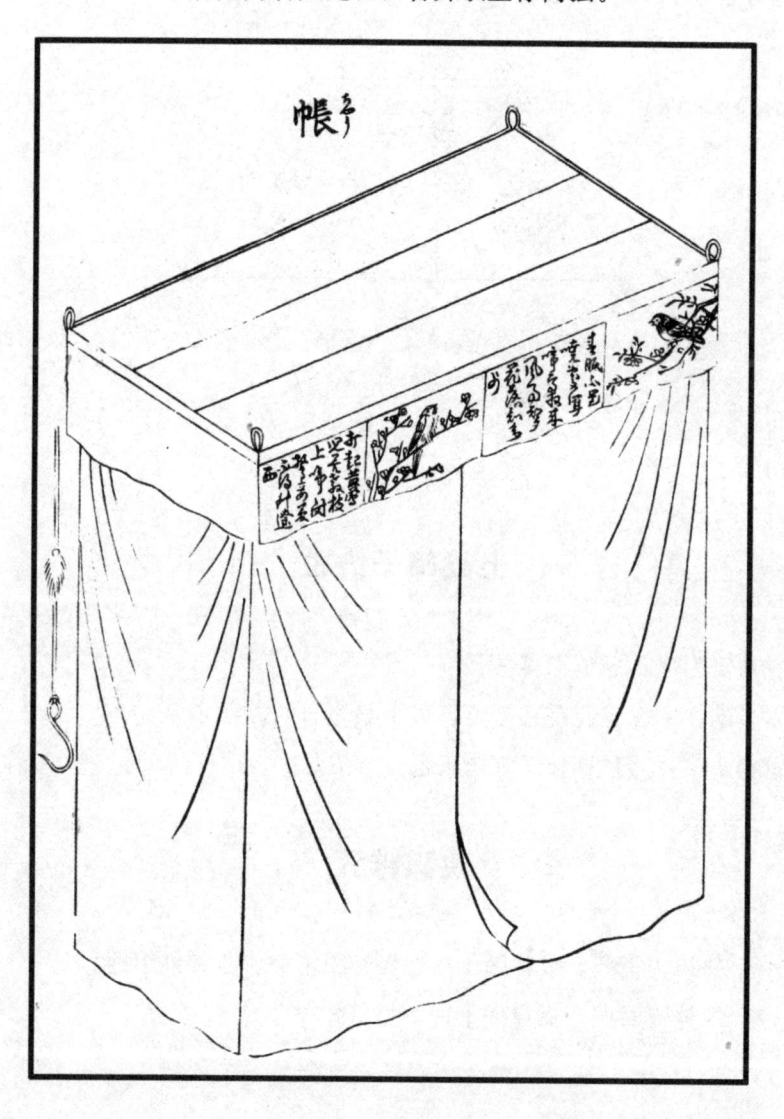

天迁图

此天迁图，凡择者，逐月下起，初一数去，遇迁则吉，自如罪、失、亡皆凶。

上官初四不为祥，初七十六最堪伤。十九更兼二十八，凡人不信近遭殃。运好任中人死马，改任终须有一场。若是为官知此日，官升职显禄高强。

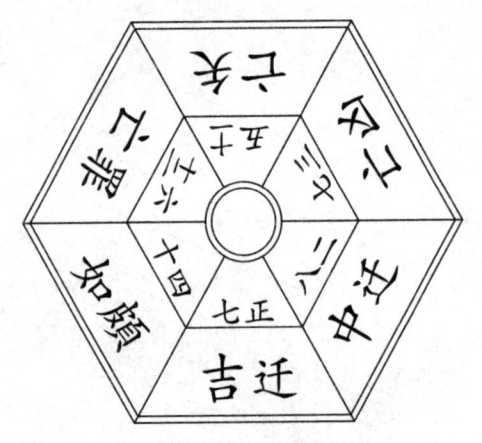

上梁筛子方位

亥殃寅为怪，辰狼未喜昌。

本日纳在中宫起便是喜怪方，以上梁之日，若子者从中五宫起子，至震三宫得未字，乃是喜神，宜向正东。余仿此。

殃狼神咒

殃神明镜照，狼神筛子中。怪神用箭射，喜神红绢迎。
凶神皆回避，福禄保千钟。急急如律令。

竖造宅舍 忌天火日、午日

上梁吉日：甲子、乙丑、丁卯、戊辰、己巳、庚辰、辛未、壬申、甲戌、丙子、戊寅、甲申、丙戌、戊子、庚寅、丙申、丁酉、戊戌、己亥、庚子、辛丑、壬寅、癸卯、乙巳、丁未、己酉、辛亥、癸丑、乙卯、丁巳、己未、辛酉、癸亥。合上吉。

立柱吉日：丙寅、辛巳、戊申、己亥，为立柱日。

入宅归火

迁移吉日：甲子、乙丑、丙寅、丁卯、己巳、庚午、辛未、甲戌、乙亥、丁丑、癸未、庚寅、甲申、壬辰、乙未、庚子、壬寅、癸卯、丙午、丁未、庚戌、癸丑、甲寅、乙卯、己未、庚申。宜天月德、明星、黄道。忌本命对冲日，不用。

开渠穿井

开渠吉日：甲申、乙酉、丙子、丁丑、壬辰、癸巳，开日。

穿井吉日：甲子、乙丑、甲申、丁亥、甲午、乙未、庚子、辛丑、壬寅、乙巳、己酉、辛亥、癸丑、丁巳、辛酉、壬午、癸酉、丙午、乙酉、戊子、癸巳、戊午、己未、庚申、癸亥。又宜开井，通泉大吉。

凡塞旧井，先行祭礼，次用五谷、青石、精香、硃砂安入井内，填之大吉，且不可填实，恐伤眼目。

袭爵上任

上任吉日：甲子、乙丑、丙寅、己巳、庚午、辛未、癸酉、丙子、丁丑、丙午、丁未、丁酉、癸卯、癸丑、甲寅、乙未、庚子、癸卯、甲申、丙戌。宜天月德、黄道，显、专日吉。

移床周堂图

（八分圆盘，按顺时针方向文字为：大吉、自如、病、公、地、利、安、荣）

分居周堂图

（八分圆盘，按顺时针方向文字为：喜庆、淫盗、自如、债禾、财帛、旺兴、争讼、求荣）

柳氏家藏婚元秘诀卷中

合婚

吕才云：论检婚书之法，先检男女生命合宫，次检生月。合得生气、天乙、福德，为之上婚，子孙昌盛，不避刑冲害绝、钩绞岁星、惆怅夹角及胞胎，有犯月内诸凶，并不忌也。如遇绝体、游魂、归魂者，称之中婚，可以较量轻重言之，命卦通利月，中小忌可以成婚。大抵婚姻之事，理无十全，但得中平之上者，或值两家男女神煞有相敌，用之则又无妨。若遇五鬼之婚，男女皆多搅扰，口舌相连。若遇绝命之婚，祸必深重，男女各有忧亡。虽命卦和悦，凶吉相当，亦不宜其为婚也。

臞仙①曰：合婚一节，自唐吕才所始，唐之前未有此术，不曾合婚。如指腹成亲者、割衫襟成亲者、自奔苟合，皆得子孙蕃息，以至偕老，皆无合婚。自吕才一变，如两亲家其意相合，欲一子女配之，一用此术，则破之矣，百无一成。乃为破人之婚姻，其罪始于吕才。岂有子年正月生

---

① 朱权（1378年5月27日—1448年10月12日），字臞仙，号涵虚子、丹丘先生，自号南极遐龄老人、臞仙、大明奇士，祖籍濠州钟离（今安徽凤阳）。自幼体貌魁伟，聪明好学，人称"贤王奇士"。参与过"靖难之役"。朱元璋第十七子，齿序第十六子，卒谥献，世称宁献王。朱权是明代著名的道教学者，修养极高，被改封南昌后，深感前途无望，即韬光养晦，托志冲举，多与文人学士往来，寄情于戏曲、游娱、著述、释道，结交道家第43代天师张宇初友善，拜为师，研习道典，弘扬道教义理。朱权于南昌郊外构筑精庐，曾于西山缑岭（今属南昌市）创建道观与陵墓，成祖朱棣赐额"南极长生宫"。所撰道教专著《天皇至道太清玉册》八卷，成书于正统九年，收入《续道藏》。朱权多才多艺，自经子、九流、星历、医卜、黄老诸术皆具，且戏曲、历史方面的著述颇丰，有《汉唐秘史》等书数十种，堪称戏曲理论家和剧作家。所作杂剧今知有十二种，现存有《大罗天》、《私奔相如》两种。作品和论著多表现道教思想。生平好宏装风流，群书有秘本，莫不刊布之。朱权善古琴，编有古琴曲集《神奇秘谱》和北曲谱及评论专者《太和正音谱》。一生著述颇丰，尤好戏曲，作有杂剧今知有12种。富藏书，根据明代惯例，藩王就封时，皇帝皆有赐书，据载"洪武初年，亲王之国，必以词曲一千七百本赐之"，家有藏书楼曰"云斋"，凡群书秘本，莫不刊布。据《千顷堂书目》载有《宁献王书目》1卷，收书137种，词曲、院本、道藏等书均有著录。晚年在南昌建造精庐一所，著书弹琴。

者，男皆是铁扫帚，二月骨髓破、冰消瓦解；子年正月生者，女皆是铁扫帚；男火命，四月生望门鳏，正月生妨三妻。女木命，正月生望门寡，妨三夫？又如属猪、属羊、属犬生于春三月，皆犯大败狼籍、八败，岂有此理！今因世俗皆尚之，故取之于书，使智者辨之，愚者在其取舍。

柳氏曰：男逢羊刃必重婚，女犯伤官夫早离。神煞离其轻重，夫妇抵敌无妨。月老婚姻，前生已定。造化各有贵贱，人生数有短长。莫泥妄为破婚姻，须要随时择嫁娶。但凡娶妇，先论主婚，若四命之皆通，俾合室之安泰。天罡、河魁，翁姑犯之，主婚不利；命星、岁星，男女犯之，成婚则凶。既有吉年，必求利月。一论阳前阴后，大利佳期；二妨媒氏首子小利月分，三妨翁姑而四妨父母，五妨夫主而六妨本身。若无妨忌之人，亦可选择婚姻。

既择嫁娶，先看纳徵，选不将、周堂吉日，择德合、黄道良辰，龙马虎蛇、建破平收不可用。男女本命，五鬼相伤。阳将伤夫，而阴将伤妇。阴阳俱将，而夫妇俱亡。

年内别无良日，除夜迎婚吉祥。乃为年尽月尽之日，百福皆从，众神不能为害也。

迎婚之日，宅门首有白虎、腾蛇、青牛、乌鸡、青羊、天狗、六耗神于户，宜用谷草、铜钱向门洒之。其神争物，新人夺路而入，鞍及筬、宝瓶入帐大吉。

凡娶儿女夫妻，须择行嫁利月。若是曾经出嫁之女，为之再婚，不择行嫁利月，只用吉日良辰入门则吉。

凡嫁娶周堂值其翁姑者，新人入门时，时常有从权出外少避，候新人坐床方可回家。如其日拜见，宜大厅及中堂。至如大宴厅堂则不妨，或三日拜堂大利。若妨夫妇，难以回避，另择吉日成婚无妨。婚元秘诀，学者细推详。

附：吕才合婚图

五　鬼	福德（即延年）	天　医	生　气
六一	六一	六一	六一
四七	八三	三八	七四
七二	七二	七二	七二
一三	二七	九四	六八
八三	八三	八三	八三
九二	六一	一六	二九
九四	九四	九四	九四
八六	四九	七二	九三

绝　命	绝体（即祸害）	归魂（即伏位）	游魂（即六煞）
六一	六一	六一	六一
九二	二九	六二	六二
七二	七二	七二	七二
三一	八六	七二	四九
八三	八三	八三	八三
四七	七四	八三	三八
九四	九四	九四	九四
六八	一三	九四	二七

吕才及其合婚说

吕才（606~665），博州清平（今山东高唐县清平镇吕庄人）。唐代哲学家、唯物主义思想家、无神论者、音乐家，是位多才多艺的学者、自然科学家。他出身于寒微的庶族家庭，从小好学，是一位未经名师传授，自学成才的思想家、学者。兴趣爱好广泛，通晓《六经》、天文、地理、医药、制图、军事、历史、文学、逻辑学、哲学乃至阴阳五行、龟著、历算、象戏等，尤长于乐律，而且大都有专门著作和创造。因其学识渊博、博才多能而逐渐知名。唐初的一些名臣官僚如魏征、王珪等都十分赞赏他的"学术之妙"。30岁时，由温彦博、魏征等人推荐给唐太宗进入弘文馆，官居太常博士，太常丞，太子司更大夫。

柳氏家藏婚元秘诀卷中

· 49 ·

他曾因职务关系曾参加了许多官方编辑、修订图书的工作，也有不少自己的著作，内容涉及音乐、天文、历数、地理、军事、历史、佛学、医药等众多领域。吕才的成绩是多方面的，但是他的著作几乎全部失传，至今保存下来的仅有8篇残篇、5000余字，从中已经无法了解吕才思想和学术的全貌。

吕才一生著书很多，他出自儒家，而又不完全泥于儒家，其学术思想具有"以百姓心为心的""异端"性质，"诸家共诃短之"（《新唐书》本传）。正因为如此，吕才的著述大都难容于世，大部散失，仅存的有：载于《旧唐书》本传中的《叙宅经》、《叙禄命》、《叙藏书》，以及《全唐书》辑录的《进大义婚书表》、《进白雪歌奏》、《议僧道不应拜俗状》、《因明注解之破译图序》（载于《大藏经》中）、《东皋子后序》等五篇著作。

合婚之说在命相学中起源稍晚，唐代以前没有此说。据传说，魏晋以后，西方异族大量进入中原，到了唐代，异族向唐王室及大臣们求婚者很多，于是唐太宗命吕才造了一个合婚表，当时的目的十分明确，就是要减少与异族的通婚。所以唐朝这个吕才合婚法，人称为《灭蛮经》。

吕才合婚法又叫官度合婚法，是根据九宫年命排列的合婚图。按照出生年柱男几官、女几官，看其相合。男女依据宅命两相配合，上应天星，分为八类婚姻，即延年、生气、天医、伏位、六煞、五鬼、祸害、绝命。

延年婚主长寿有福，男女和谐，积德积庆，终生安康，上吉之配。
生气婚主多子多福，儿孙满堂，子孝孙贤，有福有禄，上吉之配。
天医婚主无灾无病，一生平安，儿女和睦，无奸无盗，上吉之配。
六煞婚主化险为夷，夫妻和顺，虽富不达，丰衣足食。寻常之配。
祸害婚主遇难可解，逢凶化吉，坎坷劳碌，可保小康，寻常之配。
伏位婚主一生平淡，有子有女，团圆和气，无惊无险，寻常之配。
五鬼婚主口舌是非，生活不宁，邻里不和，时有官司，次凶之配。
绝命婚主平生坎坷，生世艰辛，东离西走，家遭凶祸，大凶之配。

上婚，主子孙昌盛，家宅平安；中婚为中吉，虽然有不吉因素，但是无大妨；如遇下婚，就要进行趋避。

男女合婚分为上等婚、中等婚、下等婚三种情况：

上等婚：生气、天医、福德。

主子孙昌盛，不忌讳月家、狼籍、破败、孤辰等煞。就是说：只要是上等婚，则对其它方面的事情，可以不再理睬，比如：属相相犯、命里相犯均可不予考虑。

中等婚：游魂、归魂、绝体。

如果是中等婚，量轻量重言之，如若月家吉星多，凶星少，则可。就是说：中等婚在生活之中难免波折，但是，凶少吉多，如果属相相犯、命相犯，最好避之，如若已经婚配，则双方当需谨防破裂和家中其它事情生发。

下等婚：绝命、五鬼。

下等婚男女双方均有忧愁，如若属命又相犯，则可能一方早亡，可以讲：下等婚是不该和配的婚姻，这种婚姻的生活里是凶多吉少。说明一点：夫妻双方长期分居者，不受此限，但是，往往一旦长期合居，则有事情生发。合婚十全者寥寥，只要二命神煞相抵能中和，则足矣。

三元八宅合婚法

除吕才合婚法以外，在中国古代文化中，流传较广的还有三元八宅合婚法。此法是根据九宫年命排列的合婚图，按照出生年柱男几宫、女几宫，看其搭配后的生克制化而论吉凶的。这里的九宫即坎一、坤二、震

三、巽四、中五、乾六、兑七、艮八、离九，根据《排山掌图》理论，男逢中宫寄坤，女逢中宫寄艮。图中的一、二、三、四、六、七、八、九，实际上就是男女各自的宅命，即坎命、坤命、震命、巽命、乾命、兑命、艮命、离命。

男女依据宅命两相配合，上应天星，分为八类婚姻，即：延年（福德）、生气、天医、伏位（归魂）、六煞（游魂）、五鬼、祸害（绝体）、绝命。下面列出各种合婚结果的搭配，只要知道男女的命卦，就可直接查出合婚结果。

延年（福德）婚：主长寿有福，男女和谐，积德积庆，终生安康，上吉之配。其婚配形式是：坎男配离女，离男配坎女；巽男配震女，震男配巽女；乾男配坤女，坤男配乾女；兑男配艮女，艮男配兑女。

生气婚：主多子多福，儿孙满堂，子孙贤孝，有福有禄，上吉之配。其婚配形式是：坎男配巽女，巽男配坎女；震男配离女，离男配震女；乾男配兑女，兑男配乾女；艮男配坤女，坤男配艮女。

天医婚：主无灾无病，一生平安，儿女和睦，无奸无盗。上吉之配。其婚配形式是：乾男配艮女，艮男配乾女；震男配坎女，坎男配震女；兑男配坤女，坤男配兑女；巽男配离女，离男配巽女。

六煞（游魂）婚：主化险为夷，夫妻和顺，虽富不达，丰衣足食，中等之配。其婚配形式是：坎男配乾女，乾男配坎女；震男配艮女，艮男配震女；兑男配巽女，巽男配兑女；离男配坤女，坤男配离女。

祸害（绝体）婚：主逢凶化吉，遇难可解，坎坷劳碌，可保小康，中等之。其婚配形式是：坎男配兑女；兑男配坎女；震男配坤女，坤男配震女；离男配艮女，艮男配离女；乾男配巽女，巽男配乾女。

伏位（归魂）婚：主一生平淡，有子有女，团圆和气，无惊无险，中等之配。其婚配形式是：坎男配坎女，乾男配乾女；坤男配坤女，兑男配兑女；震男配震女，艮男配艮女；巽男配巽女，离男配离女。

五鬼婚：主口舌是非，生活不宁，邻里不和，时有官司，次凶之配。其婚配形式：坎男配艮女；艮男配坎女；坤男配巽女，巽男配坤女；震男配乾女，乾男配震女；兑男配离女，离男配兑女。

绝命婚：主平生坎坷，生世艰辛，东离西走，家遭凶祸，大凶之配。

其婚配形式是：坎男配坤女，坤男配坎女；震男配兑女，兑男配坤女；巽男配艮女，艮男配巽女；乾男配离女，离男配乾女。

上等婚，主子孙昌盛，家宅平安；合婚时不忌狼藉、破碎、孤辰、寡宿等煞。

中等婚，为中吉，虽有不吉，但无大碍；合婚时可以较量吉凶神煞之轻重，月中小忌，也可为婚。

下等婚，就要进行趋避，合婚需要大吉之神煞相抵，则可无妨，得中平亦吉。

男妨妻多厄、望门鳏月

	金	木	水	火	土
妻多厄	五六	二三	八九	十一、十二	二三
望门寡	七	四	十	正	四

女妨夫多厄、望门寡月

	金	木	水	火	土
夫多厄	八九	十一十二	二三	二三	五六
望门寡	十	正	四	四	七

試才

纸簸箕月男女同看

虎马兔人生十一月，蛇鼠龙人生五月，犬猪羊人临二月，鸡猴牛人生八月，妇人入门夫先死，夫到妇门绝火烟。

白衣杀男女同看

寅申人	巳亥人	卯酉人	辰戌人	子午人	丑未人
四十月	正七月	五十一月	六十月	二八月	三九月

男命金星主多病少乐

子	丑	寅	卯	辰	巳	午	未	申	酉	戌	亥
四	五	六	七	八	九	十	十一	十二	正	二	三

女岁星月主忧产厄病患

子	丑	寅	卯	辰	巳	午	未	申	酉	戌	亥
二	正	十二	十一	十	九	八	七	六	五	四	三

柳氏家藏婚元秘诀卷中

死墓妨克 男女同看论纳音

死墓	金	木	水	火	土
妨妻	五六	二三	八九	十一十二	二三
死墓	七月	二三	十月	正月	四月
妨夫	长生亥	长生申	长生寅	长生巳	长生申

论天乙贵人

洪泉柳氏曰：其他书以申戌兼生羊、庚辛逢马虎之列，非理也，故曰甲戊庚乃天上三奇不可折。

甲戊庚人十二六月，乙己之人十一七月，丙丁之人十月八月，壬癸之人四月二月，六辛生人五月正月，遇贵人能解凶煞。

阳贵神 冬至后子时至巳时用之

庚戊见牛甲贵羊，乙猴己鼠丙鸡方。

丁猪癸蛇壬是兔，六辛逢虎贵为阳。

女婿送出内房之图

柳氏家藏婚元秘诀卷中

阴贵神 夏至后午时至亥时用之

甲贵阴牛庚戌羊，乙阴在鼠己猴乡。

丙猪丁鸡辛遇马，壬蛇癸兔属阴方。

十干禄财月 男女同看

	甲乙人	丙丁人	戊己人	庚辛人	壬癸人
向禄	二三九十二	正三四五十二	六七九十十一	三三六八十	六七九十十一
禄库	六	九	三	十二	三
向财	六七九十二	三四六七八	六七九十二	正二九十十二	正三四五十二
财库	三	十二	三	六	九

十二支命财月 男女同看

	亥子水人	寅卯木人	巳午火人	酉辛金人	丑未辰戌土人
财	正三四五	三六七九十十一	三四六七	正二六九十一	九六七九十一
库	九	二	十二	六	三

孤辰寡宿月 男女同看

	寅卯辰	巳午未	申酉戌	亥子丑
孤辰	四	七	十	正
寡宿	十二	三	六	九
	辰巳子	申酉丑	寅卯午	亥戌未
狼籍	五	八	十一	二
八败	六	九	十二	三
大败	四	七	十	正

男女破败凶月

	子	丑	寅	卯	辰	巳	午	未	申	酉	戌	亥
男铁扫帚	正	六	四	二	正	六	四	二	正	六	四	二
女铁扫帚	十二	九	七	八	十二	九	七	八	十二	九	七	八
男骨髓破	三	二	十	五	十二	正	八	九	四	十一	六	七
女骨髓破	六	四	三	正	六	四	三	正	六	四	三	正
六　害	六	五	四	三	二	正	十二	十一	十	九	八	七

男命	金	木	水	火	土
进财	七月至十二月	七月至十二月	正月至六月	四月至九月	五月至十月
	进财十七年	进财五十年	进财四十年	进财二十年	进财三十年
退财	正月至六月	七月至六月	正月至十二月	十月至次年三月	十二月至四月
	主退女家九年	主退女家九年	退女家五十年	退女家十九年	退女家廿九年

女命	金	木	水	火	土
进财	十二月至次年五月	三月至八月	七月至十二月	六月至十一月	十月至次年三月
	进财廿九年	进财十九年	进财三十九年	进财三十九年	进财五十年
退财	六月至十一月	九月至二月	正月至六月	十二月至次年五月	四月至九月
	退夫家十九年	退夫家廿五年	退夫家十九年	退夫家三十九年	退夫家三十五年

柳洪泉曰：进退财乃血财之论，非金银钱财之数也。《经》云"牛马田蚕猪鸡"是也。犹恐未明，细开于后。

牛马田蚕猪，如壬辰本命二月生者，男却从牛上起，正月马上是二月却进马财四十年。进者旺，退者衰也。男女一例，余皆仿此。

男女孤虚月

	甲子	甲申	甲辰	甲戌	甲午	甲寅
孤	九十	五六	正二	七八	三四	十一、十二
虚	三四	十一	九十	正二	十二	五六七八

胎胞相冲月

正七男不娶四十女，二八男不娶五十一女，三九男不娶六十二女，四十男不娶正七女，五十一男不娶二八女，六十二男不娶三九女。

配男女生克

寅卯木命男：木妇宜子，火妇相生，土妇财丰，金妇鬼贼，水妇相和。
巳午火命男：火妇多争，土妇相生，金妇益货，水妇鬼贼，木妇相和。
申酉金命男：金妇呻吟，水妇相生，木妇财盛，火妇鬼贼，土妇多子。
亥子水命男：水不同居，木妇相生，火妇财厚，土妇鬼贼，金妇多子。

内三堂 论长生，忌死、养、绝胎月，为妨克

寅卯木命女

五六七八月生，忌寅卯木命翁，长生亥。
二三四五月生，忌辰戌丑土命姑，长生申。
十一十二正二月生，忌申酉金命夫，长生巳。

巳午火命女

八九十十一月生，忌巳午火命翁，长生寅。
十一十二正二月生，忌申酉金命姑，长生巳。
二三四五月生，忌亥子木命夫，长生申。

辰戌丑未土命女

二三四五月生，忌辰戌丑未土命翁，长生申。
二三四五月生，忌亥子水命姑，长生申。
五六七八月生，忌卯寅木命夫，长生亥。

申酉金命女

十一十二正二月生，忌申酉金命翁，长生巳。
五六七八月生，忌寅卯木命姑，长生亥。
八九十十一月生，忌巳午火命夫，长生寅。

亥子水命女

二三四五月生，忌亥子水命翁，长生申。

八九十十一月生，忌巳午火命姑，长生寅。

二三四五月生，忌辰戌丑未土命夫，长生申。

外三堂

寅卯木命男

二三四五月生，忌亥子水命岳父，长生申。

八九十十一月生，忌巳午火命岳母，长生寅。

二三四五月生，忌辰戌丑未土命妻，长生申。

巳午火命男

五六七八月生,忌寅卯丑命岳父,长生亥。
三四五月生,忌辰戌丑未土命岳母,长生申。
十一十二正二月生,忌申酉金命妻,长生巳。

辰戌丑未土命男

八九十十一月生,忌巳午火命岳父,长生寅。
十二正二月生,忌申酉金命岳母,长生巳。
二三四五月生,忌亥子水命妻,长生申。

申酉金命男

二三四五月生,忌辰戌丑未土命岳父,长生申。
二三四五月生,忌亥子水命岳母,长生申。
正六七八月生,忌寅卯木命妻,长生亥。

亥子水命男

正二十一十二月生,忌申酉金命岳父,长生巳。
三六七八月生,忌寅卯木命岳母,长生亥。
八九十十一月生,忌巳午火命妻,长生寅。

内三堂歌曰

同命为翁我克婆,夫来克我要相和。
若临死墓绝胎月,便是三堂妨克歌。

外三堂歌曰

生我妻父生妻母，我克为妻无滞阻。

衰病沐浴是中平，单忌死墓绝胎月。

十二长生

长生　沐浴　冠带　临官　帝旺　衰
病　　死　　墓　　绝　　胎　　养

小游年

乾坤福天　五命体生　坎天福生　体命五游
艮游命五　生体福天　震体生五　命天福游
巽福天游　五生命体　离游天命　体五生福
坤福体命　生五天游　兑生五体　命游天福

宫卦例

坎一　坤二　震三　巽四　中五　乾六　兑七　艮八　离九
男五寄二宫，女五寄八宫。起宫之例难以备述，日历后有。

命卦例

子坎寅丑艮，卯震辰巳巽。午离未申坤，酉兑戌亥乾。

选择嫁娶婚书式

谨遵历书选择婚元嫁娶：
一、论主婚翁命，某年某岁不犯天罡，福寿大吉。
一、论主婚姑命，某年某岁不犯河魁，福寿大吉。
一、论娶妇男命，某年某岁不犯命星，喜庆大吉。
一、论行嫁女命，某年某岁不犯岁星，喜庆大吉。
一、行嫁大利，某月某日为吉期，并无诸禁忌。

一、选择纳征吉日，于某年某月某日某时，大吉。

一、选择冠笄吉日，于某年某月某日某时，在房间坐向其方梳妆，女命忌属某三相之人，避之大吉。

一、选择嫁娶吉日，于某年某月某日，宜用某时，大吉。

一、嫁娶之人忌属某三相，内亲不忌，妊娠产妇之人，忌之大吉。

一、新人上下车马，宜向某方迎之大吉。

一、安床帐，宜用某房某间，或某房某间面。

一、向某方夫妇行合卺之礼，大吉。

一、路逢井石庙宇，宜用花红盖之大吉。

一、论六耗神拦门，宜用五谷、草节、铜钱迎门撒之，门下置鞍筴，命新人抱红绢帛，包车辐及明镜宝瓶重物，履黄道某时进宅大吉。

天地氤氲　咸新庆会　金玉满堂　长生富贵

大清　某年某月某日吉时选择听用全吉。

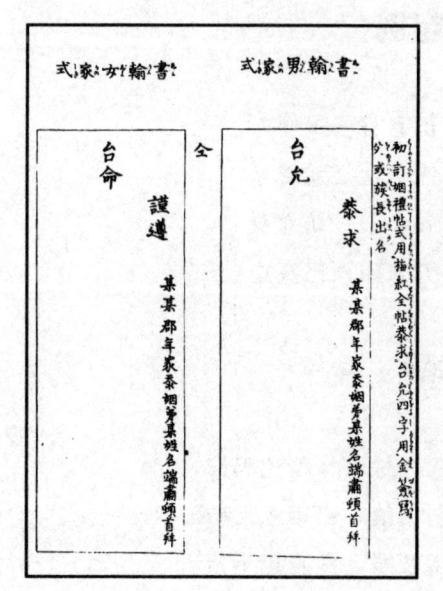

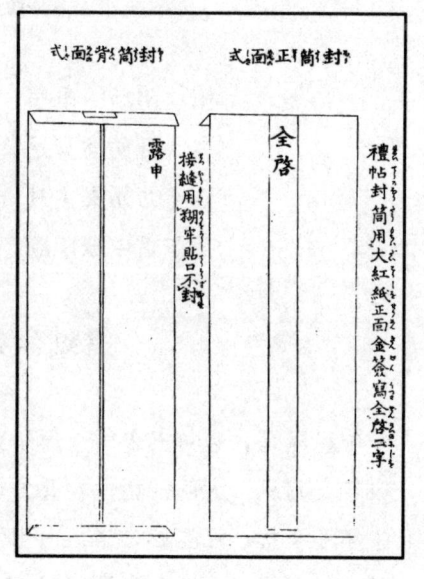

行嫁利月

女命	子午	丑未	寅申	卯酉	辰戌	巳亥
大利月	六十二	五十一	二八	正七	四十	三九
媒氏首子	正七	四十	三九	六十二	五十一	二八
翁姑	二八	三九	四十	五十一	六十二	正七
女父母	三九	二八	五十一	四十	正七	六十二
夫主	四十	正七	六十二	三九	二八	五十一
本身	五十一	六十二	正七	二八	三九	四十

正七迎鸡兔，二八虎合猴，三九蛇亥猪，四十龙合狗，牛羊五十一，鼠马六十二。

又附起例

阳前阴后一申辰，正七首子及媒人。
二八月妨翁与姑，三九女之父母亲。
四十乃妨夫主月，五十一月妨女身。
子午寅申辰戌顺，丑未卯酉巳亥逆。

翁姑禁婚 天罡河魁

子午忌鼠马，逢寅丑未凶，辰年猴虎忌，马踏兔鸡群，
申年龙狗忌，犬吠蛇猪惊，此为翁姑禁，阴年永无妨。
午年婆全禁，嫁娶妇难当，六阳年禁婚，六阴年不禁。
子、午：子午天罡，卯酉河魁，卯酉天罡，子午河魁。
寅、申：丑未天罡，辰戌河魁，辰戌天罡，丑未河魁。
辰、戌：寅申天罡，巳亥河魁，巳亥天罡，寅申河魁。
凡午年天下姑命十二相，俱已禁婚，宜带护身符，不妨，或三日、次日拜见翁姑则吉。

凡翁姑禁婚，宜带护身符，三日拜堂大吉。

翁姑
同用

男禁婚命星

年命	亥	戌	酉	申	未	午	巳	辰	卯	寅	丑	子
命	午	巳	辰	卯	寅	丑	子	亥	戌	酉	申	未
命	辰	卯	寅	丑	子	亥	戌	酉	申	未	午	巳
命	丑	子	亥	戌	酉	申	未	午	巳	辰	卯	寅

拜　　　跪

女禁婚岁星

子兔丑虎寅牛前,卯鼠辰猪巳狗先。午鸡未猴申羊位,酉马戌蛇亥龙牵。

凡男女禁婚,不宜嫁娶。用砖四个,朱书神符,安镇床角下即免灾祸,成婚大吉。又法:用青石一块安卧房中,镇百日,大吉。

上头避忌 内亲不忌；忌孕妇，产妇不用

申子辰年蛇鸡牛，巳酉丑年虎马狗。
寅午戌年猪兔羊，亥卯未年龙鼠猴。

上下轿方向

寅卯辰女宜向西，巳午未女宜向北。
申酉戌女宜向东，亥子丑女宜向南。

安床方向

寅卯辰女，堂房西间，南房东间，坐丙向壬。
巳午未女，东房北间，西房南间，坐庚向甲。
申酉戌女，堂房西间，南房东间，坐壬向丙。
亥子丑女，东房北间，西房南间，坐甲向庚。
若帐地不堪者，用神箭四枚压床四角大吉。

抵向太白星忌之

一震二巽三在离，四坤五兑六西北，
七坎八艮九中央，逢十上天定无移。

五鬼方位

甲己东南乙庚艮，丙辛正北君休去，
丁壬西北定其兴，戊癸莫行西南路。

红沙日 _{孟寅仲午季戌方}

孟月常居酉，仲月巳上加，季月来丑上，此日是红沙。
出外犯红沙，必定不归家。得病犯红沙，儿子挂缌麻。
嫁娶犯红沙，实是破人家。盖房犯红沙，必然火烧家。

红嘴朱雀日

红嘴朱雀三尺长，眼似流星火耀光。
等闲无事伤人命，千里飞来会过江。
初一行嫁主再娶，初九造屋定乖张。
十七葬埋冷退死，廿五移徙人财伤。
世人犯之灾立至，前人试验不寻常。

日游鹤神

是人都说会阴阳，日游鹤神在哪厢。
己酉鹤来东北方，此方住了六日长。
乙卯正东住五日，庚申六日巽宫藏。
丙寅五日在正南，辛未六日在坤方。
丁丑西方骑白马，住了五日正相当。
壬午寻龙乾放光，六日都在乾宫藏。
戊子北方住五日，癸巳鹤神入天堂。
天上住了十六日，己酉还在东北方。
婚姻嫁娶若犯着，犯着鹤神少儿郎。
买卖经商若犯着，连人带马不还乡。
口阔一田三分天，冬吃瓦碴夏吃骨。
万望世人莫轻看，选择吉日是正当。
六日甲子不缺天，望君仔细与推选。

千万莫当是九天，五十一天在中间。
切记不可胡乱堆，一下推错出凶险。

七杀星

角亢奎娄鬼牛星，出军便使不回兵。
行船定被大风起，为官未满亦遭刑。
起造婚姻逢此日，不过一年见哭声。
世人若是被七杀，官员士庶尽丰荣。

结婚嫁娶

不将黄道日：丙寅、丁卯、丙子、戊寅、己卯、丙戌、
戊子、庚寅、壬寅、癸卯、乙巳、甲子、
乙丑、丁丑、辛卯、癸丑、乙卯、癸巳、
壬午、乙未。

宜天月德合、三合、六合、天恩，上吉。执、危、成、开日，大吉。

男冠女笄

冠笄吉日：甲子、丙寅、丁卯、戊辰、辛未、壬申、
　　　　　丙子、戊寅、壬午、丙戌、壬午、辛卯、
　　　　　壬辰、癸巳、甲午、丙申、癸卯、甲辰、
　　　　　乙巳、丙午、丁未、庚戌、甲寅、乙卯、
　　　　　丁巳、辛酉、壬戌。
又宜天月德、天月恩、生气、福生、益后、续世、定日。
忌丑日，不用。申八月定日不可用之。

养子纳婿

养子吉日：宜天月德合、天恩、黄道、续世、益后。
纳婿吉日：宜不将、黄道。

纳婿周堂

大月从夫向姑顺数。小月从户向厨逆数，遇公、姑、夫、弟不用也。

纳婿周堂图

嫁娶周堂

凡选择嫁娶者，大月从夫顺数，小月从妇向厨逆数，择第、堂、厨、灶日用之。如遇翁、姑而无翁、姑者，亦可用。或回避片时，亦吉。值夫、妇者不用，另择吉日。

(圆形八卦图：夫、妇、姑、灶、第、翁、堂、厨)

白虎周堂

白虎周堂图

(圆形八卦图：害、夫、睡、门、路、厨、不、禄)

大月从灶向堂顺行，小月从厨向路逆行。不论节气，只择厨灶睡死日，用之不妨。若与门、堂、床、路，宜鼓乐振动，白虎自退，迎婚无妨。

木命于鬼合周堂，阴阳不将两无妨。
八龙七鸟君莫犯，五离月厌主灾殃。
无翘章光并归忌，九虎六蛇往亡灭。

白虎方

是人都说会阴阳，日游白虎在哪厢。
甲在巽位乙坤宫，丙南丁震戊西方。
壬癸坎上庚坤位，辛日乾上己艮方。
出行移徙皆要忌，婚男嫁女两分张。
甲乙蒙胧哺，戊己路傍中，
丙丁白虎死，壬癸病着床，
庚辛吃食饭，方知会阴阳。

十二黄黑道日时

青龙明堂与天刑，朱雀金柜天德神。
白虎玉堂天牢黑，玄武司命及勾陈。
寅申须加子，卯酉却居寅。
辰戌龙位上，巳亥戊土存。
子午临申地，丑未戌相逢。

假如寅申日于子上起青龙，余皆仿此。

青龙黄道，明堂黄道，天刑黑道，朱雀黑道，金柜黄道，天德黄道，白虎黑道，玉堂黄道，天牢黑道，玄武黑道，司命黄道，勾陈黑道。

建满平收黑，除危定执黄。成开皆大用，闭破不相当。遇黄道日时，万事大吉。

喜神方

甲己在艮乙庚乾，丙辛坤位喜神安。
丁壬只向离宫坐，戊癸游来在巽间。

喜神喜不喜

甲己端坐乙庚睡，丙辛怒色皱双眉。
丁壬吃得醺醺醉，戊癸游来笑嘻嘻。

增福神方 以我克者为财

甲乙东南是福神，丙丁正东是堪宜。
戊北己离庚辛坤，壬在乾宫癸在酉。

财神方 以我克者为财

甲乙东北方，丙丁正西藏。
戊己北方坐，庚辛正东壬癸南。

枯焦日

正月为龙二月牛，三狗四羊五兔头。
六鼠七鸡八在马，九虎十猪十一猴。
十二枯焦已上是，上官赴任也大愁。
犍牛䐗马皆要忌，养蚕下种便不收。

母仓日

春逢亥子是母仓，夏间寅卯最为良。
秋天辰戌丑来上，冬间却来申酉方。
土王之后逢巳午，耕犁栽种无虫伤。
此是四季母仓日，一年打下十年粮。

瘟神日

正羊二犬三在辰，四月自古莫犯寅。
五马六鼠七鸡上，八月瘟神在于申。
九蛇十猪十一兔，十二牛头重千斤。
死墓犯在瘟神煞，死了自家叫两邻。
得病之日口吐血，三日一七见阎君。

太岁出游日

壬午天上癸未水，庚子辛丑玉皇差。
戊子己丑朝天界，掘到黄泉永无灾。

天文日月

东海至西海，三十五万里。南海至北海，四十九万里。东至西，九十一万里。南至北，八十万里。天至地，八万四千里。地厚七万三千二百里。

上有九江八河，下有五湖四海。天中有一道河，乃是天堑之黄河。风至地，八十里。云至地，一百五十里。雨至地，四十里。雪至地，一百里。雷方使有一清二断，雪中方显九重云霄。日方圆八百六十里，月方圆八百八十里，普照天下。

定太阳出落歌

正九出乙入庚方，二八出兔入鸡场。
三七发甲归辛地，四六生寅入戌方。
五月生艮归乾上，仲冬出巽入坤乡。
惟有十与十二月，出辰入申仔细详。

太阴出时

三辰五巳八午中，初十出未十三申。
十五酉上十八戌，二十亥上计斜神。
二十三日子时出，二十六日丑时行。
二十八日寅时正，三十加来卯上轮。
出时齐正斜角没，万万年年自是真。

定寅时

正九五更二点彻，二八五更四点歇。
三七平光是寅时，四六日出寅无别。

五月日高三丈地，十月十二四更二。
仲冬才到四更初，便是寅时与君说。

参辰寅时

参加午上子加辰，攒昴之来巳上寻。
出时齐正斜角没，万年千载不虚陈。

占雷鸣

乾天艮鬼巽风门，东木西金入户坤。
南火北水依次第，若雷初起定灾凶。
金木门丰鬼多病，天门疾疫损田风。
正北水灾南大旱，火门人疾又发虫。

二十八宿定阴阳

如逢室壁多风雨，道得奎星天色晴。
娄危有风多主冷，毕昴天阴却急晴。
觜参井宿大风起，鬼柳多阴雪雾朦。
张翼有风并大雨，角轸微微终露晴。
亢宿有风吹土沙，氐房心星雨风声。
箕斗空云无大雨，牛女虚危三日风。

四季断雨

春甲子赤地千里，夏甲子撑船入市。
秋甲子禾头生耳，冬甲子雪地千里。

占立春吉凶

富贵在神天，十年紧相连，但看立春日，甲乙是丰年，
丙丁偏大旱，戊己好种田，庚辛人马动，壬癸水连天。

占正旦子日吉凶

甲子丰年丙子旱，庚子虫蝻戊子乱。
惟有壬子水连天，十日无子天下便。

月忌日

初五十四二十三，年年月月在人间，
从古至今有文字，口口相传不等闲。
无事游岩之社稷，李颜人宅丧三男。
初五犯着家长死，十四犯着自身当。
行船落水遇官事，皆因犯着二十三。

柳氏家藏茔元秘诀卷下

茔元论

凡论茔元，先推五姓。首课殃杀之事，次选安葬之辰。或为凶葬吉葬，乃择大通小通，贵贱各有礼制，年月岂无吉凶？

天子七月而葬于皇陵，诸侯五月乃窆于金井，大夫三月而择发引，庶人百日乃为承凶。先期而葬，谓之不坏；后期而葬，谓之怠礼。百日承凶，葬无禁忌之文；经年暴露，律有明条之罪，若满卒哭，便谓吉葬。

夫凶葬者，乃百日之内殡葬是也。不论年凶月恶、一切神煞，但于祭主年命无冲，是为利也。夫吉葬者，过期百日之外是为吉葬，要择年月日时造命俱通，又看亡命、祭主并山向通利者，是为吉也。

洪泉柳氏编注殃杀便览

谨遵茔元　姓属　音用事。

一、推明故某尊灵　相　月　日　时受生。

一、大限乃于　年　月　日　时，存　寿，享　岁。六道轮回，超升仙界，形当安于窀穸，今将各事宜悉陈于后。

一、阳精阴魄之气，郁结而为殃杀，以月将加时，天罡、河魁临　，当于　月　日　时，魂出　方起，高若干，化为　气散之。或遇　神冲下，其殃不出，合宅人眷，当宜避之，禳解则吉。

一、大殓吉日吉时，的呼　四相，生人临时暂避，但服孝亲人不论也。

一、大殓起灵安葬，不可呼唤生人姓名，忌之大吉。

一、棺椁出入门户墙垣，不可触突，忌之大吉。

一、妊娠妇人不可临圹送丧，忌之大吉。

一、孝子不可向墓上坐立，忌之大吉。

一、葬后辰日不可哭泣，忌之大吉。

一、推人棺镇物丝麻一缕，木炭一块，神曲一两，岁钱一岁一文。食罐一个，细抄麻纸百张，雄黄一两，乱丝半斤，鸡鸣枕一个。

一、推人墓镇物竹弓长六尺，苇箭三矢，五色布五块，黄豆一斗，钱纸五百张，布瓦一个，朱砂二钱。

　年　月　日选择殃示。

天子为崩，皇灵；诸侯为薨，金灵；大夫为卒，尊灵；士庶为故，之灵；和尚涅槃，觉灵；尼僧庄严圆寂，觉灵。道人羽化。妾为内助，宫人宫媵，媪人侧室，庶人之灵，乐人妓者逝。

崩薨卒故，死亡灭没，不录镇物。

天干重丧

正七连庚甲，二八乙辛当，四十丙壬防，三六九十二，戊己是重丧。

犯之用马蹄四个，小匣一个，纸人一个，天德符一道，机根木一段，匣内盛之，随灵葬之，大吉。

地支重丧

正	二	三	四	五	六	七	八	九	十	十一	十二
亥	申	巳	寅	亥	申	巳	寅	亥	申	巳	寅

犯之用马蹄四个，秋木人四个，安穴内大吉。

死不知时

子午卯酉恰中指，辰戌丑未手掌舒。
寅申巳亥握定拳，亡人死者必不差。

又云

子午卯酉口大张，辰戌丑未眼睁开。
寅申巳亥拳着手，但逢为日死不僵。

又云

子午卯酉面仰天，辰戌丑未眼睁圆。
寅申巳亥艮身眼，方知阴阳记的全。

棺材

七星板

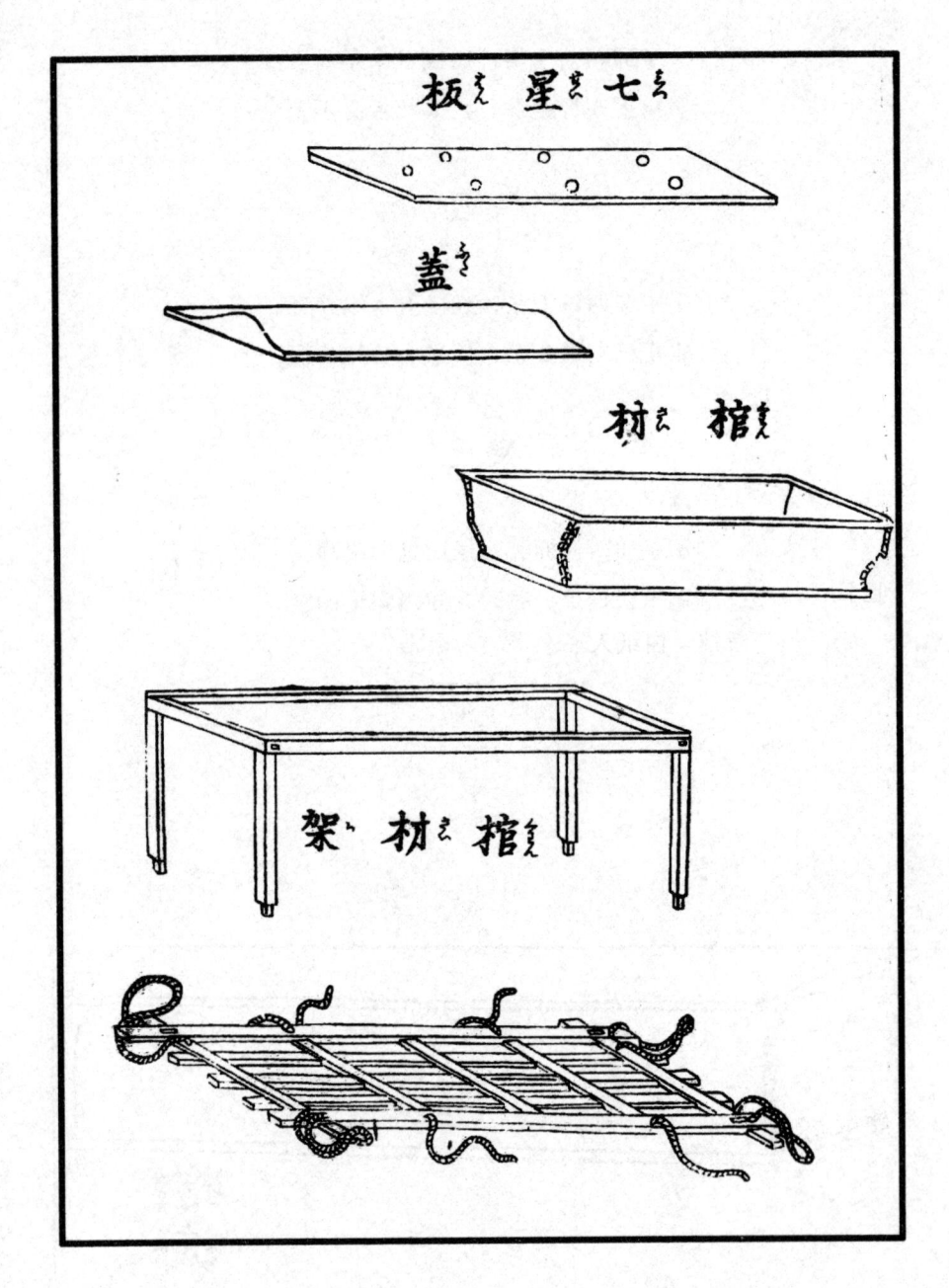

蓋

棺材

棺材架

立春正月节①

子日：白鸡一只，柏木人六个，白纸人一个，地黄、柏枝、桑枝、布瓦。

丑日：牛皮一片、土雀三只，河水一瓶，柏枝、焦、水谷各五升，柳木人五个，白纸人一个，柏木人六个，地黄、桑枝、布瓦。

寅日：盐豆各五升，牛、虎皮各一片，桃仁三十个，面鸡三只，青石一块，地黄、柏枝、桑枝、白纸人一个，柏木人六个，布瓦。

卯日：白盐五升、人参五钱、鞍鞢②皮一片，桃仁三十个、面鸡三只，青石一块，白纸人一个，柏木人六个，地黄、柏枝、桑枝、布瓦。

辰日：牛、虎皮各一片、熟小豆一升、柏子仁一两、柏木人六个，白纸人一个，地黄、柏枝、桑枝、布瓦。

巳日：河水一瓶、焦谷豆各五升、柳木人五个、土牛三只，地黄、柏枝、桑枝，白纸人一个，柏木四个，布瓦。

午日：桃仁三十个，面鸡三只，青石一块，地黄、柏枝、柏木人六个，白纸人一个，桑枝，布瓦。

未日：柏木人六个，白纸人一个，地黄、柏枝、桑枝，布瓦。

申日：桃仁三十个，面鸡三只，青石一块，机脚木一片，土牛三只，柏木人六个，白纸人一个，地黄、柏枝、桑枝、布瓦。

酉日：桂心五钱，桃仁三十个，面鸡三只，青石一块，柏木人六个，白纸人一个，机脚木一片，地黄、柏枝、桑枝、布瓦。

戌日：黍、谷、豆各五升，白面一斤，机脚木一片，地黄、柏枝、桑枝、柏木人六个，白纸人一个，布瓦。

亥日：马蹄六个，桃木人六个，楸木人六个，桃仁三十个，面鸡三只，青石一块，白纸人一个，柏木人六个，桑枝、柏枝、地

---

① 只论节气，不论月份。
② 鞢，音 tié。垫在马鞍下，垂于马肚两边用以遮挡尘土的垫子。

黄、布瓦。

逢甲庚日：小棺材一个，六庚天刑，乙未乙丑角音猪肉入墓。机脚木一片入棺内，平次日猪脂入墓。戊己日：泥钱一百，黄豆一升，猪肉一片，入墓。巳亥日，泥人一个，甘草一两，桑枝，入棺内。房虚星昴四宿，生铁一斤，铜钱六十九文入棺内。月破日，泥牛一只入穴。月建日，牛皮一片入穴。

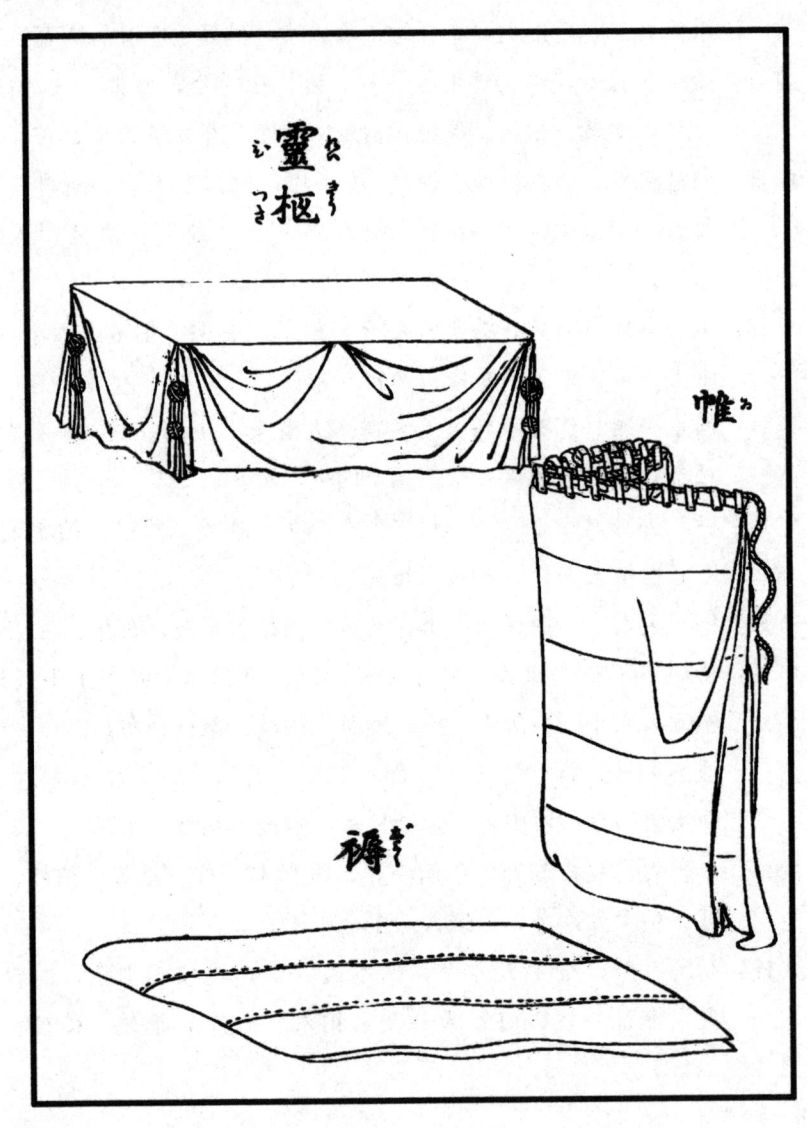

惊蛰二月节

子日：白盐五升、人参五钱，柏木人六个，地黄、白纸人一个，柏枝、桑枝、布瓦。

丑日：牛虎皮各一片，柳木人五个，熟小豆一升，河水一瓶，地黄、焦谷豆各五升，柏子仁一两，柏枝、桃仁三十个。面鸡三支，土雀三只，青石一块，白纸人一个，柏木人一个，布瓦。

寅日：柏木人六个，地黄、柏枝、白纸人一个，桑枝、布瓦。

卯日：牛虎皮各一片，柏木人四个，地黄、柏枝、桑枝，白纸人一个，布瓦。

辰日：桃木人三十个，面鸡三只，青石一块，柏木人六个，白纸人一个，地黄、柏枝、桑枝、布瓦。

巳日：柳木人六个，白纸人五个，土雀三只，河水一瓶，焦谷豆各五升，桃木人五个，桃仁三十个，面鸡三只，青石一块，柏木人六个，地黄、柏枝、桑枝、布瓦。

午日：白鸡一只，鞍鞯皮一片，柏木人六个，地黄，白纸人五个，柏枝、桑枝、布瓦。

未日：白面一斤，黍谷一升，牛皮一片，柏木人六个，地黄、柏枝、桑枝，白纸人五个，布瓦。

申日：马蹄六个，楸木人六个、桃木人六个，桃仁三十个，面鸡三只，青石一块，地黄、柏枝、柏木人六个，机脚木一片，白纸人五个，桑枝、布瓦。

酉日：桂心五钱、泥牛一只，白鸡一只，地黄，机脚木一片，柏枝，柏木六个，桑枝，白纸人五个，布瓦。

戌日：桃仁卅个，机脚木一片，面鸡三只，青石一块，地黄、柏枝、桑枝，柏木人六个，白纸人六个，布瓦。

亥日：盐谷各五升，桃仁卅个，面鸡三只，柏木人六个，青石一块，地黄、柏枝、桑枝，白纸人一个，布瓦。

逢乙辛日，小棺材一个，六辛、天庭，平收日猪肉一片入穴，机脚木一片入棺。

戊辰、戌日，壬辰、戌日，猪肉一片，入穴。

己亥日：泥人五个，甘草，桑枝，入棺。

房虚星昴：生铁一斤，铜钱六十九文入棺。

戊己日：泥钱一个，黄豆一升，猪肉一片，入穴。

月破日，泥牛一只，入穴。

月建日，牛皮一片，入穴。

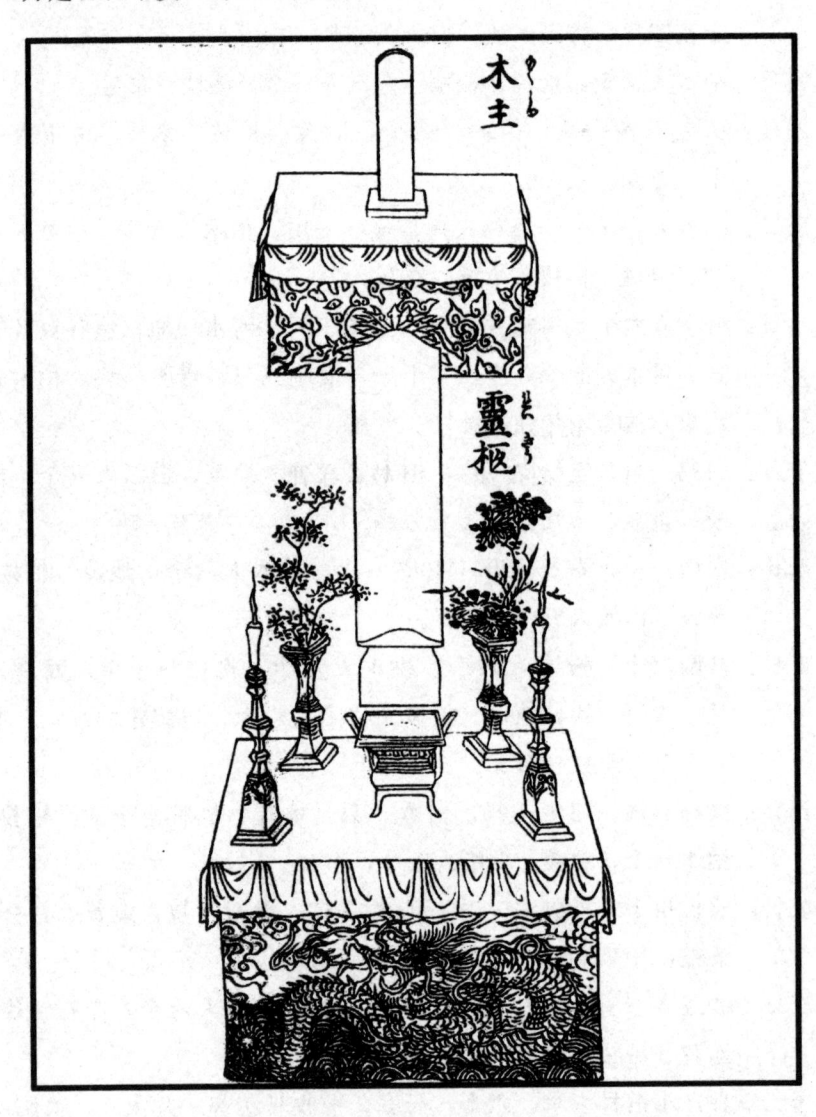

清明三月节

子日：桃仁卅个、面鸡三只、青石一块、柏木人六个、白纸人一个，地黄，桑枝，柏枝，布瓦。

丑日：河水一瓶、焦谷豆各五升、柳木人五个、地黄、土雀三只、桃仁三十个、面鸡三只、青石一块，桑枝，柏木人六个，柏枝白纸人一个，布瓦。

寅日：柏木人六个，地黄，柏枝，桑枝，白纸人一个，布瓦。

卯日：桃仁卅个，面鸡三只，青石一块，柏木人六个，地黄，柏枝，桑枝，白纸人一个，布瓦。

辰日：牛虎皮各一片、黍谷一升、白面一斤，地黄，柏枝，桑枝，柏木人六个，白纸人一个，布瓦。

巳日：马蹄六个、楸木人六个、柳木人六个、河水一瓶，地黄，焦谷豆各五升，柏木人六个，白纸人一个，桑枝，布瓦。

午日：白鸡一只，桃仁卅个，面鸡三只，青石一块，地黄，桑枝，柏木人六个，白纸人一个，柏枝，布瓦。

未日：牛皮一片、桃仁卅个、面鸡三只、地黄、青石一块、柏木人四个，白纸人一个，桑枝，柏枝，布瓦。

申日：盐五升，豆五升，机脚木一片，牛皮一片，柏木人六个，桑枝，地黄，柏枝，白纸人一个，布瓦。

酉日：白盐五升，人参五钱，桂心五钱，鞍鞯皮一片，柏木人六个，白纸人一个，机脚木一片，地黄，桑枝，柏枝，布瓦。

戌日：牛皮一片，虎皮一片，土牛三只，熟小豆一升，地黄，柏子仁一两，桃仁卅个，面鸡三只，青石一块，柏木人六个，白纸人一个，机脚木一片，桑枝，柏枝，布瓦。

亥日：柏木人六个，地黄，桑枝，柏枝，白纸人一个，布瓦。

逢戌日：小棺材一个，六庚天刑，乙未丑日，生铁入穴。

己日：机脚木入棺。

辛未丑日：猪肉入穴。

己亥日：坭人五个，甘草，桑枝，入棺。

房虚星昴，生铁一片，铜铁六十九文入棺。

戊己日：泥一，黄豆一升，猪一片，平收日猪脂入穴。

月破泥牛一只入穴，月建日牛皮一片入穴。

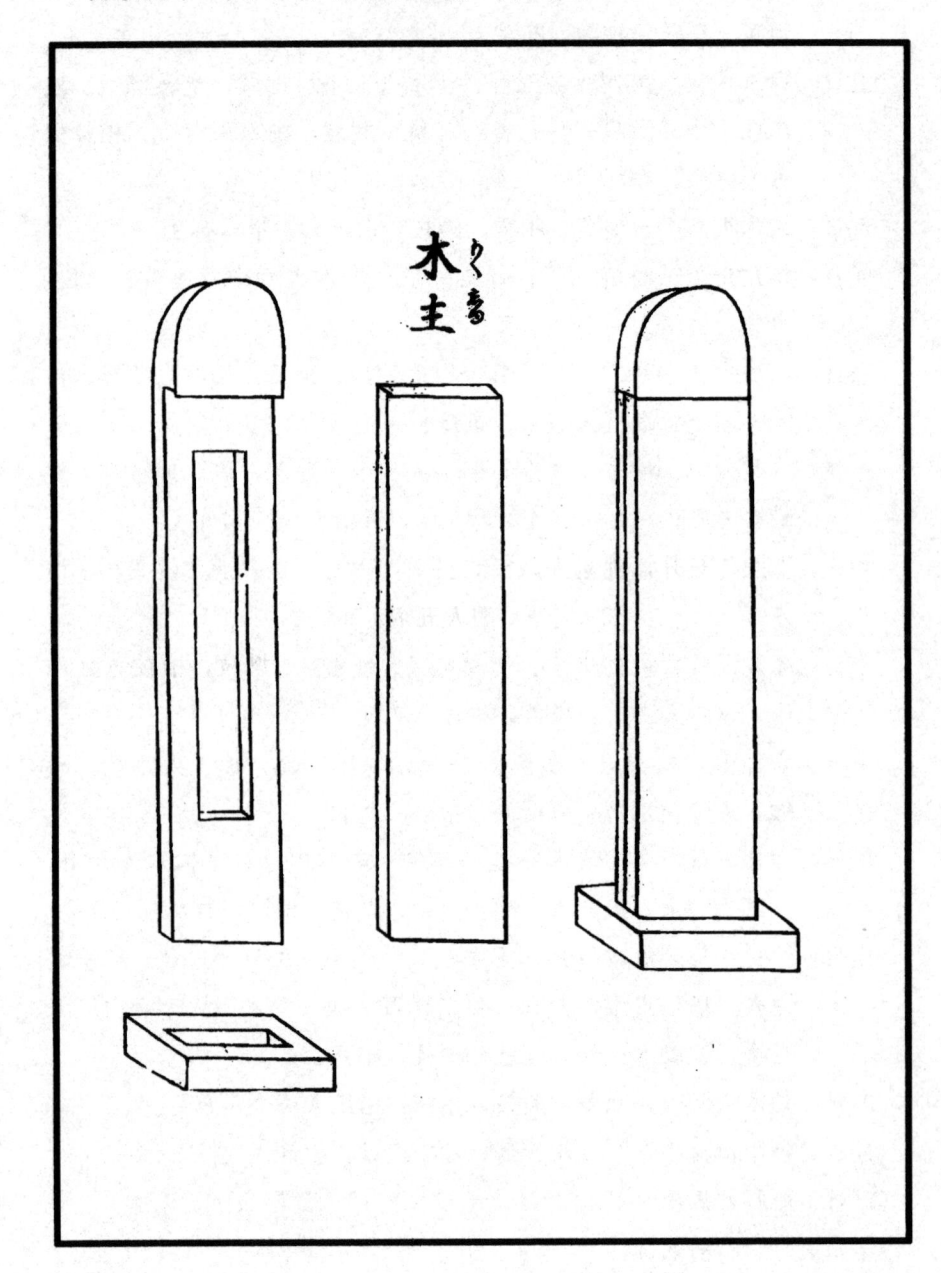

木主

立夏四月节

子日：鞍鞯皮一片，桃仁卅个，青石一块，地黄，柏木人六个，桂心五钱，泥人五个，柏枝，机脚木一片，面鸡三只，柳枝，布瓦。

丑日：白面一斤，黍谷豆各一升，柏木人六个，机脚木一片，泥人五个，地黄，柳枝，柏枝，布瓦。

寅日：马蹄六个，楸木人六个，桃木人六个，地黄，土雀三只，桃仁卅个，面鸡三只，青石一块，柏木人六个，坭人五个，柳枝，柏枝，布瓦。

卯日：白鸡一只，桃仁卅个，面鸡三只，青石一块，柏木人六个，泥人五个，地黄，柳枝，柏枝，布瓦。

辰日：牛皮一片、河水一瓶、焦谷豆各五升、白纸人五个、地黄、土雀三只，柏木人六个，泥人五个，柳枝，柏枝，布瓦。

巳日：盐豆各五升，桃木人卅个，面鸡三只，青石一块，牛皮一片，虎皮一皮，柳枝，柏枝，泥人五个，布瓦。

午日：白盐五升，人参五钱，柏木人六个，地黄，柳枝，柏枝，泥人五个，布瓦。

未日：牛虎皮各一片，熟小豆一升，柳枝，柏枝，地黄，柏子仁一两，柏木人六个，泥人五个，布瓦。

申日：河水一瓶、焦谷豆各五升、柳木人五个、地黄、土雀三只、桃仁卅个、面鸡三只、柳枝、柏枝、青石一块、柏木人六个、泥人五个，布瓦。

酉日：桃木人卅个、面鸡三只、青石一块、柏木人六个、泥人五个、地黄、柳枝、柏枝、布瓦。

戌日：白鸡一只，柏木人六个，地黄，柏枝，柳枝，泥人五个，布瓦。

亥日：土牛三只，柏木人六个，机脚木一片，地黄，柏枝，柳枝，泥人五个，布瓦。

逢丙壬日：小棺材一个，六壬天牢，机脚木一片入棺。

丙辰戌日：猪肉一片入穴。

己亥日：泥人五个，猪肉一片，黄豆一升入穴。

己戌日：泥钱一百，甘草桑枝入棺。

房虚，星昴，生铁一斤，铜钱六十九文，桑枝入棺。

平收日猪脂入穴。

月破日泥牛一只，月建日牛皮一片入穴。

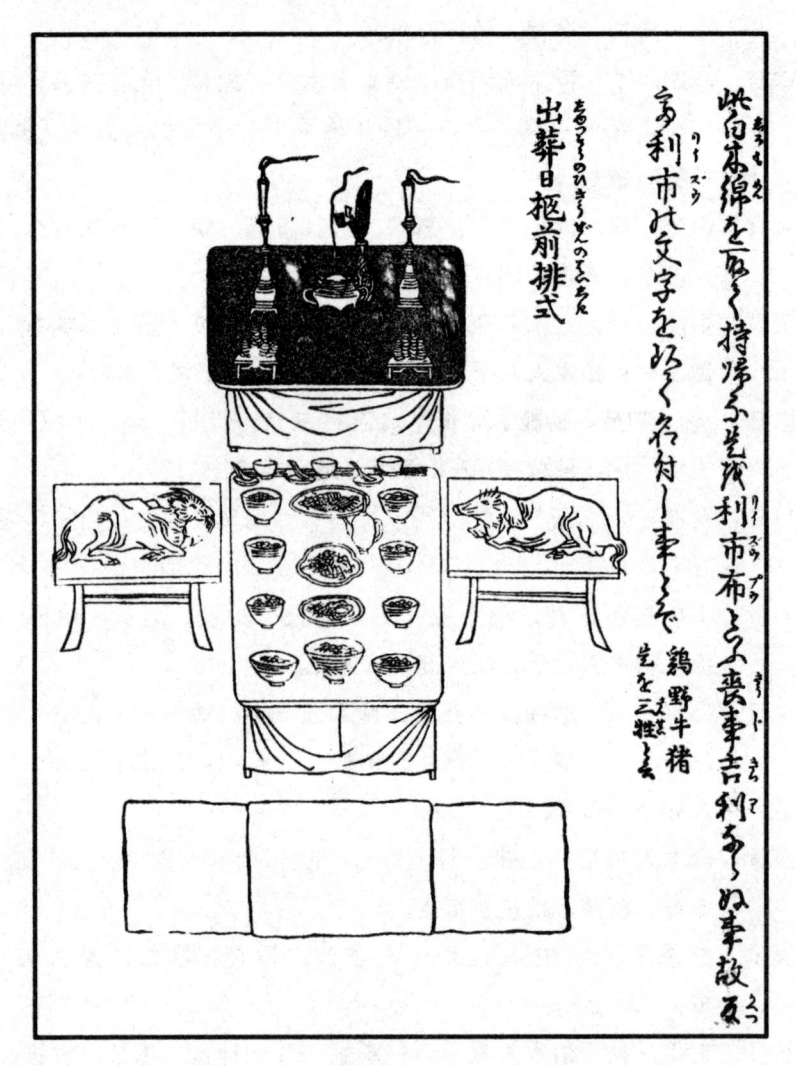

芒种五月节

子日：白鸡一只、土牛三只、桂心五钱、地黄、机脚木一片、柏木人四个、泥人五个、柳枝、柏枝、布瓦。

丑日：牛皮一片，柏木人六个，机脚木一片，地黄，柏枝，泥人五个，柳枝，布瓦。

寅日：盐豆各五升、人参五钱、桃仁卅个、面鸡三只、青石一块、泥人五个、地黄、柳枝、柏枝、柏木人六个、布瓦。

卯日：白盐五升、熟小豆一升、柏子仁一两、地黄、泥人五个、柏木人六个、柳枝、柏枝、布瓦。

辰日：河水一瓶、焦谷豆各五升、桃仁卅个、面鸡三只、地黄、青石一块、土雀三只、牛皮一片、虎皮一片、柏木人六个、柳枝、柏枝、泥人五个、布瓦。

巳日：桃仁卅个、面鸡三只、青石一块、柏木人六个、泥人五个、地黄、柏枝、柳枝、布瓦。

午日：牛虎皮各一片，柏木人六个，地黄，柏枝，柳枝，泥人五个，布瓦。

未日：桃仁卅个，面鸡三只，青石一块，柏木人六个，泥人五个，地黄，柏枝，柳枝，布瓦。

申日：白鸡一只，河水一瓶，桂心五钱，焦谷豆各一升，土雀三只，泥人五个，地黄，柏木人六个，柳枝，柏枝，布瓦。

酉日：白面一斤、黍谷豆各五升，柏木人六个，地黄，柏枝，柳枝，泥人五个，布瓦。

戌日：桃仁卅个、面鸡三只、青石一块、柏木人六个、地黄、柏枝、柳枝、泥人五个、布瓦。

亥日：马蹄六个、楸木人六个、桃木人六个、桃仁卅个、面鸡三只，青石一块，人参五钱，机脚木一片，地黄，柏枝，柳枝，泥人五个，布瓦。

逢丁癸日：小棺材一个，六癸天狱，机脚木一片入棺。

己亥日：泥人五个，甘草，桑枝入棺。

戊己日：泥沙一百，黄豆一升，猪肉一片入穴。

房虚星昴，生铁，铜钱六十九文入棺。

平收日：猪脂入穴，月破日：泥牛入穴，月建日：牛皮入穴。

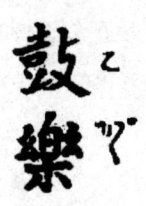

鼓乐

小暑六月节

子日：白盐五升、桂心五钱、熟小豆一升、柏子仁一两、桃仁卅个、机脚木一片、面鸡三只、青石一块、泥人五个、柏木人六个、地黄、柏枝、柳枝、布瓦。

丑日：牛虎皮各一片、土牛三只、桃仁卅个、面鸡三只、机脚木一片、青石一块、柏木仁六个、地黄、柏枝、柳枝、泥人五个、布瓦。

寅日：白鸡三只，柏木人四个，地黄，柳枝，柏枝，泥人五个，布瓦。

卯日：柏木人六个，柳枝，柏枝，地黄，泥人五个，布瓦。

辰日：河水一瓶、焦谷豆各五升、土雀三只、青石一块、桃仁卅个、面鸡三只、地黄、柏枝、柏木人六个、柳枝、布瓦。

巳日：柏木人六个，地黄，柏枝，柳枝，泥人五个，布瓦。

午日：桃仁卅个、面鸡三只、青石一块、柏木人六个、鞍毡皮一片、黍谷豆各五升、白面一斤、地黄、柏枝、柳枝、泥人五个、布瓦。

未日：牛虎皮各一片、桃仁卅个、面鸡三只、地黄、青石一块、柏木人六个、柏枝、泥人五个、柳枝、布瓦。

申日：马蹄六个、楸木人六个、桃木人六个、河水一瓶、地黄、焦谷豆各五升、土雀三只、人参五钱、柏枝、柳枝、泥人五个、布瓦。

酉日：白鸡一只、桃仁卅个、面鸡三只、青石一块、柏木人六个、地黄、柏枝、柳枝、泥人五个、布瓦。

戌日：牛皮一片、柏木人六个、地黄、柳枝、泥人五个、柏枝、布瓦。

亥日：盐豆各五升、人参五钱、柏木人六个、地黄、柏枝、柳枝、泥人五个、机脚木一片、布瓦。

逢戊己日：小棺材一个，六庚天刑，机脚木一片入棺，戊辰戌、壬辰戌日：猪肉一片入穴。

己亥日：泥人五个，甘竹桑枝入棺，丙辰戌日：生铁，猪肉入穴。

戊己日：泥沙一，黄豆一升，猪肉一片入穴。

房虚星昴，生铁一片，铜钱六十九文，桑枝入官。

平收日：猪肉一片入穴，月破日泥牛一只入穴，月建日：牛皮一片入穴。

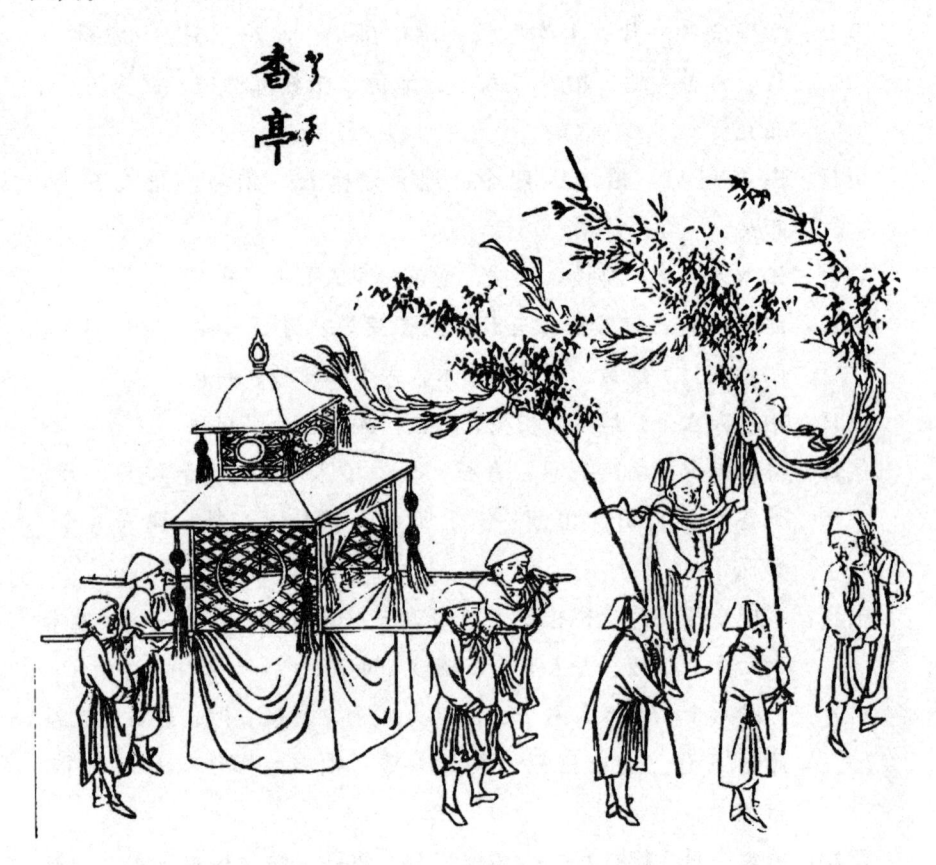

香亭

立秋七月节

子日：柏木人六个、地黄、柏枝、榆枝、楸木人六个、黄纸人一个、布。

丑日：柏木人六个、楸木人六个、地黄、柏枝、榆枝、黄纸人一个、布。

寅日：土牛三只、桃仁卅个、面鸡三只、青石一块、楸木人六个、柏木人六个、机脚木一片、地黄、黄纸人一个、柏枝、榆枝、布。

卯日：桃人卅个、面鸡三只、青石一块、桂心五钱、白面一斤、黍谷豆各五升、楸木人六个、地黄、机脚木一片、柏木人六个、黄纸人一个、柏枝、榆枝、布。

辰日：机脚木一片，柏木人六个，楸木人六个，地黄，黄纸人一个，榆枝，柏枝，布。

巳日：马蹄六个、楸木人六个、桃木人六个、人参五钱、柏木人六个、地黄、柏枝、黄纸人一个、榆枝、布。

午日：白鸡一只、桃仁卅个、面鸡三只、青石一块、地黄、秋木人六个、柏木人六个、黄纸人一个、柏枝、榆枝、布。

未日：河水一瓶、焦谷豆各五升、楸木人六个、桃木人五个、土雀三只、牛皮一片、柏木人六个、黄纸人一个、地黄、柏枝、榆枝、布。

申日：盐豆各五升、牛皮一片、虎皮一片、人参五钱、桃仁卅个、面鸡三只、楸木人六个、青石一块、黄纸人一个、柏木人六个、地黄、柏枝、榆枝、布。

酉日：白盐五升、熟小豆一升、柏子仁一两、桃仁卅个、面鸡三只、青石一块、柏木人六个、地黄、柏枝、榆枝、楸木人六个、黄纸人一个、布。

戌日：牛虎皮各一片、柏木人六个、楸木人六个、地黄、柏枝、榆枝、黄纸人一个、布。

亥日：河水一瓶、焦谷豆各五升、柳木人五个、土雀三只、楸木人六个、桃仁三个、面鸡三只、青石一块、地黄、柏木人六个、柏枝、榆枝、黄纸人一个、布。

逢庚甲日：小棺材一个，六甲天，收日猪脂入穴，机脚木一片入棺。

壬辰戌辛丑辛未日：猪肉入穴。

己亥日：泥人五个，甘草，桑枝入棺。

戊己日：泥土一百，猪肉一片，黄豆一升，入穴。

房虚星昂，生铁一片，铜钱六十九文入棺。

月破日：泥牛一只入穴。

月建日：牛皮一片入穴。

煖轎

白露八月节

子日：白面一斤、黍谷豆各五升、柏木人六个、秋木人六个、地黄、柏枝、榆枝、黄纸人一个、布。

丑日：桃仁卅个、面鸡三只、青石一块、人参五钱、柏木人六个、秋木人六个、黄纸人一个、地黄、柏枝、榆枝、布。

寅日：马蹄六个、秋木人六个、桃木人六个、地黄、柏木人六个、机脚木一片、柏枝、榆枝、黄纸人一个、布。

卯日：白鸡一只、土牛三只、桂心五钱、柏木人六个、秋木人六个、机脚木一片、地黄、柏枝、黄纸人一个、榆枝、布。

辰日：牛皮一片、桃仁卅个、面鸡三只、青石一块、机脚木一片、柏木人六个、秋木人六个、黄纸人一个、地黄、柏枝、榆枝、布。

巳日：盐豆各五升、人参五钱、桃仁卅个、青石一块、面鸡三只、柏木人六个、秋木人六个、黄纸人一个、地黄、柏枝、榆枝、布。

午日：白盐五升、熟小豆一升、柏子仁一两、秋木人六个、柏木人六个、地黄、柏枝、黄纸人一个、榆枝、布。

未日：牛虎皮各一片、河水一瓶、焦谷豆各五升、柳木人五个、秋木人六个、柏木人六个、土雀三只、地黄、黄纸人一个、榆枝、柏枝、布。

申日：桃仁卅个、面鸡三只、青石一块、柏木人六个、秋木人六个、黄纸人一个、地黄、柏枝、榆枝、布。

酉日：牛虎皮各一片，柏木人六个、秋木人六个、地黄，黄纸人一个，柏枝，榆枝，布。

戌日：桃仁卅个、面鸡三只、青石一块、柏木人六个、地黄、秋木人六个、柏枝、榆枝、黄纸人一个、布。

亥日：河水一瓶、焦谷豆各五升、柳木人五个、土雀三只、地黄、桃仁卅个、面鸡三只、青石一块、柏木人六个、榆枝、秋木人六个、柏枝、黄纸人一个、布瓦。

逢乙辛日：小棺材一个，六乙天经，平收日猪脂入穴，机脚木一片入棺。

丙辰戌日：猪肉入穴。

己亥日：泥人五个，甘草，桑枝入棺，平收日猪脂入穴。

戊己日：泥钱一百，黄豆一升，猪肉一片入穴。

房虚星昴，生铁一片，铜钱六十九文入官。

月破日：泥牛一只入穴。

月建日：牛皮一片入穴。

铭旌

棺

寒露九月节

子日：白鸡一只、桃仁卅个、面鸡三只、青石一块、柏木人六个、秋木人六个、地黄、黄纸人一个、桑枝、榆枝、柏枝、布瓦。

丑日：牛皮一片、人参五钱、桃仁卅个、面鸡三只、青石一块、柏木人六个、秋木人六个、黄纸一个、地黄、柏枝、榆枝、布瓦。

寅日：盐豆各五升、熟小豆一升、柏子仁一两、柏木人六个、地黄、秋木人六个、黄子人一个、柏枝、榆枝、布瓦。

卯日：白盐五升、桂心五钱、桃仁卅个、面鸡三只、青石一块、鞍鞯皮一片，柏木人六个，秋木人六个，黄纸人一个，地黄，柏枝，榆枝，布瓦。

辰日：牛虎皮各一片、土牛三只、柏木人六个，秋木人六个，黄纸人一个，地黄，柏枝，榆枝，布瓦。

巳日：桃仁卅个，面鸡三只，青石一块、柏木人六个，秋木人六个，黄纸人一个，地黄，柏枝，榆枝，布瓦。

午日：桃仁卅个，面鸡三只，青石一块、柏木人六个，秋木人六个，黄纸人一个，地黄，桑枝，榆枝，柏枝，布瓦。

未日：河水一瓶、焦谷豆各五升、柳木人五个、白纸人五个、土雀三只、桃仁卅个、面鸡三只、青石一块、地黄、秋木人六个、黄纸人一个、柏木人六个、榆枝、柏枝、布瓦。

申日：黍谷豆各五升、白面一斤、柏木人六个、秋木人六个、黄纸人一个，地黄，柏枝，榆枝，布瓦。

酉日：白鸡一只，柏木人六个，秋木人六个，黄纸人一个，地黄，柏枝，榆枝，布瓦。

戌日：牛虎皮各一片，桃仁卅个，面鸡三只，青石一块、黄纸人一个、人参五钱、柏木人六个，秋木人六个，地黄，柏枝，榆枝，布。

亥日：马蹄六个，秋木人六个，柳木人五个，柏木人六个，地黄，河水一瓶，焦谷豆各五升，土雀三只，黄纸一个，柏枝，榆枝，布瓦。

逢戊己日：小棺材一个，六庚天刑。

乙未丑日：猪肉入穴，机脚木一片入棺。

辛未丑日：生铁一斤入穴。

己亥日：泥人五个，甘草，桑枝入棺，平收日猪脂入穴。

戊己日：泥沙一百，黄豆一升，猪肉一片入穴。

房虚星昴，生铁一斤，铜钱六十九文，桑枝入棺。

月破日：泥牛一只入穴。

月建日：牛皮一片入穴。

彩亭

立冬十月节

子日：白盐五升、桃仁卅个、面鸡三只、青石一块、柏木人六个、秋木人六个、地黄、柏枝、秋枝、青纸人一个、布。

丑日：牛虎皮各一片、柏木人六个、青纸人一个、地黄、柏枝、秋枝、布。

寅日：河水一瓶、焦谷豆各五升、柳木人五个、土雀三只、桃仁卅个、青纸人一个、面鸡三只、青石一块、柏木人六个、地黄、柏枝、秋枝、布。

卯日：桃仁卅个、面鸡三只、青石一块、柏木人六个、青纸人一个、地黄、柏枝、秋枝、布。

辰日：柏木人六个、机脚木一片、青纸人一个、地黄、柏枝、秋枝、布。

巳日：土牛三只、黍谷豆各五升、白面一斤、桃仁卅个、面鸡三只、青石一块、柏木人六个、青纸人一个、地黄、机脚木一片、柏枝、秋枝、布。

午日：桂心五钱、鞍鞯皮一片，机脚木一片、柏木人六个、地黄、青纸人一个、柏枝、秋枝、布。

未日：牛皮一片，人参五钱，柏木人六个，机脚木一片，青纸人一个，地黄，柏枝，秋枝，布。

申日：马蹄四个、桃木人六个、秋木人六个、青石一块、桃仁卅个、面鸡三只、柏木人六个、地黄、柏枝、秋枝、青纸人一个、布。

酉日：白鸡一只、桃木人三个、面鸡三只、青石一块、地黄、柏木人六个、青纸人一个、柏枝、秋枝、布。

戌日：牛皮一片，人参五钱，河水一瓶，焦谷豆各五升，地黄，柳木人五个，土雀三只，柏木人六个，青纸人一个，柏枝，楸枝，布。

亥日：盐豆各五升、牛虎皮各一片、熟小豆一升、柏子仁一升、地黄、柏木人六个、青纸人一个、柏枝、秋枝、布。

逢壬丙日：小棺材一个，六丙天威，平收日猪脂入穴。机脚木一片入棺。

辛丑未日：猪肉一片入穴。

己亥日：泥人五个，甘草，桑枝入棺。

戊己日：泥钱一百，黄豆一升，猪肉一片入穴。

房虚星昴，生铁一斤，铜铁六十九文，桑枝入棺。

月破日：泥牛一只入穴。

月建日：牛皮一片入穴。

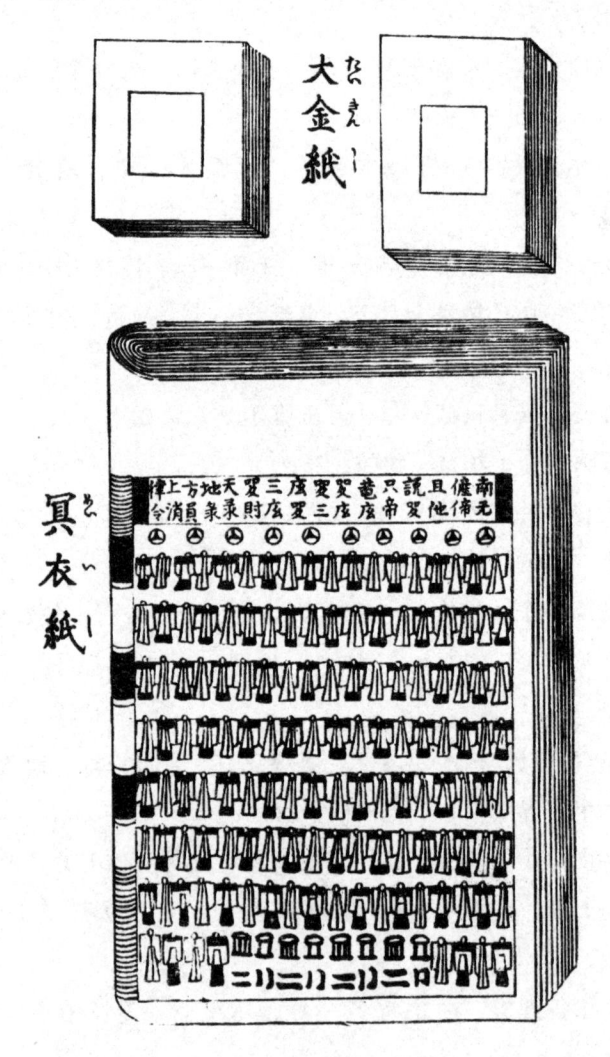

大雪十一月节

子日：牛虎皮各一片，柏木人六个，地黄，柏枝，秋枝，青纸人一个，布。

丑日：面鸡一只，柏木人六个，地黄，柏枝，秋枝，青纸人一个，布。

寅日：河水一瓶、焦谷豆各五升、柳木人五个、人参五钱、桃仁卅个、柏枝、面鸡三只、青石一块、柏木人六个、青纸人一个、白面一斤、地黄、秋枝、布。

卯日：柏木人六个、青纸人一个、地黄、秋枝、柏枝、布。

辰日：桃仁卅个、面鸡三只、青石一块、柏木人六个、青纸人一个、地黄、柏枝、秋枝、布。

巳日：马蹄六个、柳木人五个、秋木六个、柏木人六个、桃仁卅个、面鸡三只、青石一块、机脚木一片、地黄、柏枝、秋枝、青纸人一个、布。

午日：白鸡一只、土牛三只、桂心五钱、机脚木一片、地黄、柏木人六个、青纸人一个、柏枝、秋枝、布。

未日：牛皮一片、人参五钱、桃木人卅个、青石一块、地黄、面鸡三只、机脚木一片、柏木人六个、青纸人一个、柏枝、秋枝、布。

申日：盐豆各五升、熟小豆一升、柏子仁一勺、牛皮一片、地黄、柏木人六个、青纸人一个、柏枝、秋枝、布。

酉日：白盐五升、柏木人六个、地黄、桑枝、柏枝、秋枝、青纸人一个、布。

戌日：牛虎皮各一片、河水一瓶、焦谷豆各五升、土雀三只、桃仁卅个、面鸡三只、青石一块、柏木人六个、地黄、青纸人一个、柳木人五个、柏枝、秋枝、布。

亥日：桃仁卅个、面鸡三只、青石一块、柏木人六个、青纸人一个、地黄、柏枝、秋枝、布。

逢丁癸日：小棺材一个，六丁天阴，平收日猪脂入穴。

机脚木一片入。

辛丑未日：猪肉入穴。

己亥日：泥人五个，甘草，桑枝入棺。

戊己日：泥沙一百，黄豆一升，猪肉一片入穴。

房虚星昴：生铁一斤，铜钱六十九文，桑枝入棺。

月破日：泥牛一只入穴。

月建日：牛皮一片入穴。

墳墓

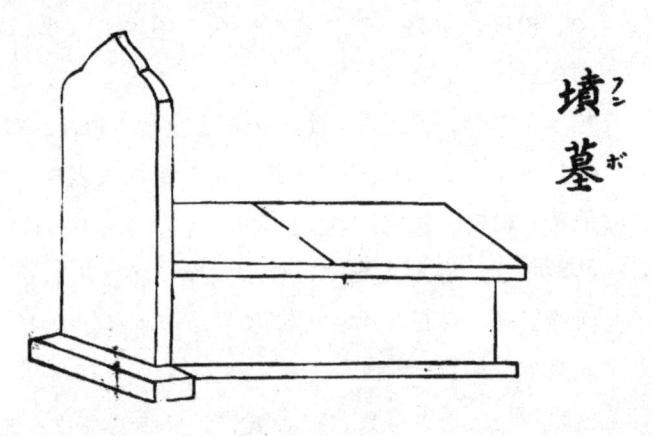

權厝

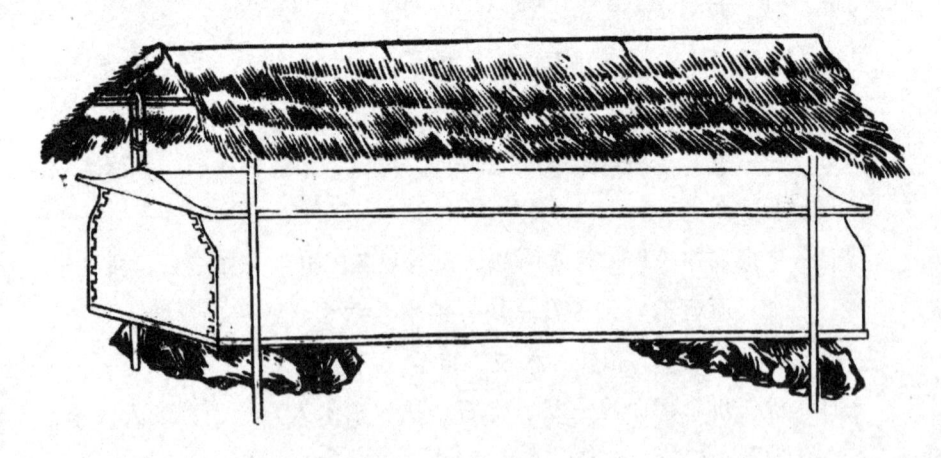

小寒十二月节

子日：桃仁卅个、面鸡三只、青石一块、鞍鞯皮一片、柏木人六个、青纸人一个、地黄、柏枝、秋枝、布。

丑日：桃仁卅个、面鸡三只、青石一块、柏木人六个、青纸人一个、牛虎皮各一片、地黄、柏枝、秋枝、布。

寅日：马蹄六个、桃木人六个、柳木五个、焦谷豆各五升、土雀三只、河水一瓶、柏木人六个、青纸人一个、柏枝、秋枝、地黄、布。

卯日：白鸡一只、桂心五钱、柏木人六个、青纸人一个、地黄、柏枝、秋枝、布。

辰日：牛皮一片、人参五钱、桃仁卅个、面鸡三只、地黄、柏枝、秋枝、青纸人一个、布。

巳日：盐豆各五升、熟小豆一升、柏子仁一斤、柏木人六个、地黄、机脚木一片、青纸人一个、柏枝、秋枝、布。

午日：白盐五升、桂心五钱、桃仁卅个、面鸡三只、地黄、机脚木一片、青石一块、柏木人六个、青纸人一个、柏枝、秋枝、布。

未日：牛虎皮各一片、土牛三只、桃仁卅个、面鸡三只、青石一块、机脚木一片，柏木人六个、青纸人一个、地黄、柏枝、秋枝、布。

申日：柏木人六个、青纸人一个、柏枝、秋枝、布。

酉日：桃仁卅个、面鸡三只、青石一块、柏木人六个、地黄、青纸人一个、柏枝、秋枝、布。

戌日：河水一瓶、焦谷豆各五升、柳木人五个、土雀三只、地黄、柏木人六个、青纸人一个、柏枝、秋枝、布。

亥日：白面一斤、黍谷豆各五升、柏木人六个、青纸人一个、地黄、柏枝、秋枝、布。

逢戊己日：小棺材一个，六庚天刑，平收日猪脂入穴。

机脚木一片入棺。

壬辰丑日：生铁一片入穴。

己亥日：泥人五个，甘草，桑枝入棺。

丙辰戌日：猪肉入穴。

戊己日：泥沙一百，黄豆一升，猪肉一片入穴。

房虚星昴，生铁一斤，铜钱六十九文，桑枝入棺。

月破日：泥牛一只入穴。

月建日：牛皮一片入穴。

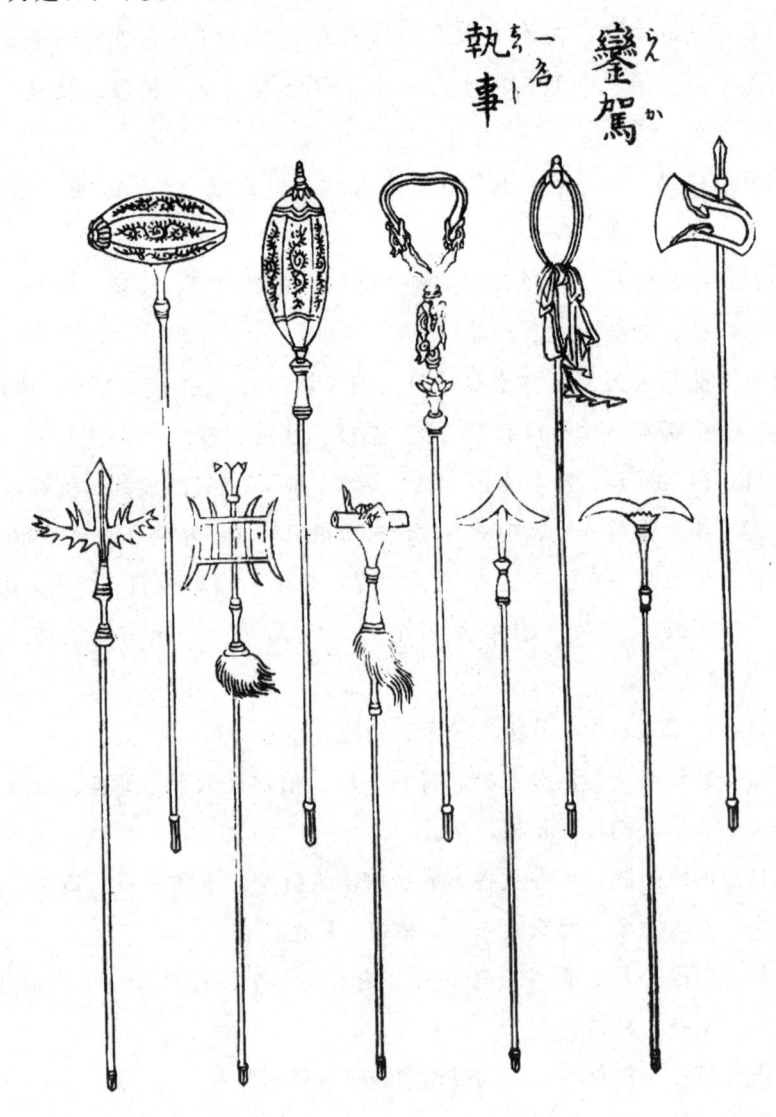

镇物符

凡六十甲子日亡者，有内妨外妨人口，用布瓦一个，上书死日，合用灵符，安镇墓内，大吉。

甲子日死卒病患，若死尸不僵，在外得病，眼不合，口不闭，回头东北下葬，主内妨三口，外妨东北下人家一人，合用白杨木人三个，青绢八寸东北埋之，大吉。

甲戌日死者内妨二口，用赤桐木人二个，长五寸，随丧镇之，大吉。

甲申日死者，内妨小儿十口，至用纸人一个，丢在井中，大吉。

甲寅日死者，不出九十日，内妨三口，用古城土作泥人三个，埋月空方，大吉。

甲辰日死者，不出九十日，内妨二口，用青杨木人二个，埋东南路上，大吉。

庚午日，用白杨木人一个，随丧大吉。

庚寅日，用槐木人二个，青布一尺二寸，同埋庚地，大吉。

庚子日，用柏木人三个，烧灰灶内西南，三日合用硃砂，埋月空，大吉。

庚申日，妨二口，用白杨木人三个，埋十字路西南，吉。又用白绿绢二尺，埋月空，大吉。

右甲庚日、十二月、正、七月，书六甲天福。

庚子庚寅
庚辰庚甲符
庚午庚戌

乙丑日，用杨木人三个，纸人一个，埋月空亥土，大吉。

乙亥日，用天德水三升，青绢一尺，埋于地，吉。

乙酉日，用柏木人一个，硃砂一个，埋西地，吉。

乙未日，用青木人一个，青绢二尺，埋东南方路上，大吉。

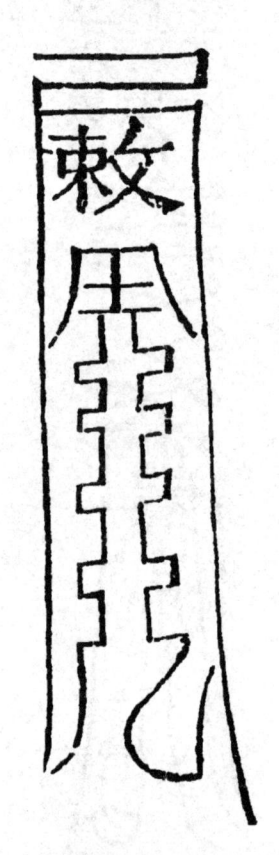

辛巳日，用桑木人二个，烧纸埋灶内，北六精沉香洒之，大吉。

辛卯日，用椒木人二个，白布二尺，埋月空，大吉。

辛酉日，用枣木人二个，埋十字路口，大吉。

右乙辛日书六乙天德，六辛天庭。

辛丑月布瓦符　　辛寅巳寅　符奉敕
　　　　　　　　癸寅丁寅
　　　　　　　　　乙寅

丙子日，用河水、城土作人二个，埋南方十字路口巳地，大吉。

丙申日，用白杨木人三个，红绢一尺，砆砂一个，东南路上，吉。

丙午日，用赤桐木人三个，井花水一升，埋灶内西南方，桃仁三个，埋东南角，大吉。

丙申丙子
丙辰丙寅符
丙午丙戌

奉敕

壬戌日，用箭一双，埋十字路口，吉。

壬午日，用白杨木人三个，青绢一尺二寸，埋正北方，大利。

壬辰日，用桑木人一个，埋壬地，吉。

壬申壬子
壬辰壬寅符
壬午壬戌

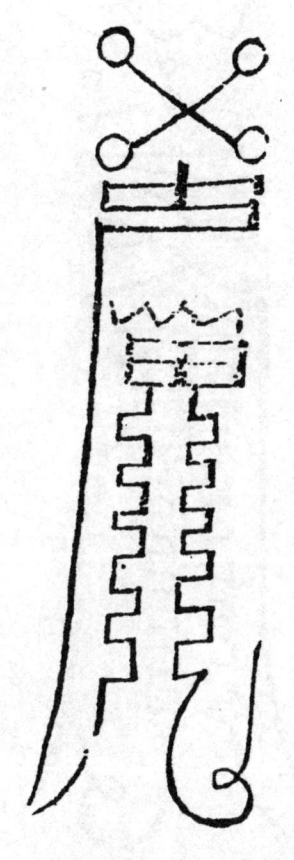

丁酉日，用桃仁人三十个，红绢三尺，清酒一升，埋停灵处，大吉。

丁巳日，用白杨木人二个，埋大门内，纸人一个，绢一尺，送东南路上，吉。

丁巳 丁卯
丁酉 丁丑
丁未

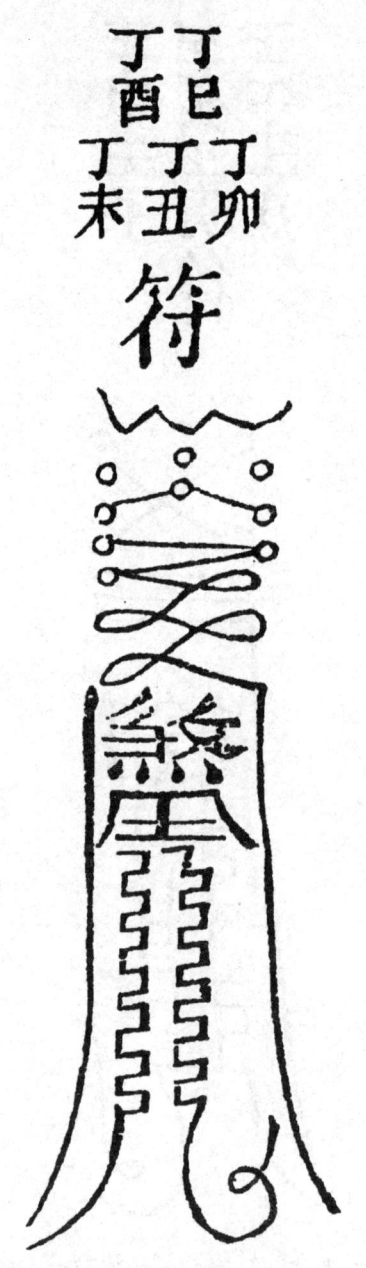

符

癸未日，用桃木人一个，天德土作人一个，同埋月空，吉。
癸巳日，用柏木人一个，埋癸地，青杨木、金精石同埋巳地，吉。
癸丑日，用纸人二个，埋灶内，大吉。

辛卯辛巳
辛酉辛未符

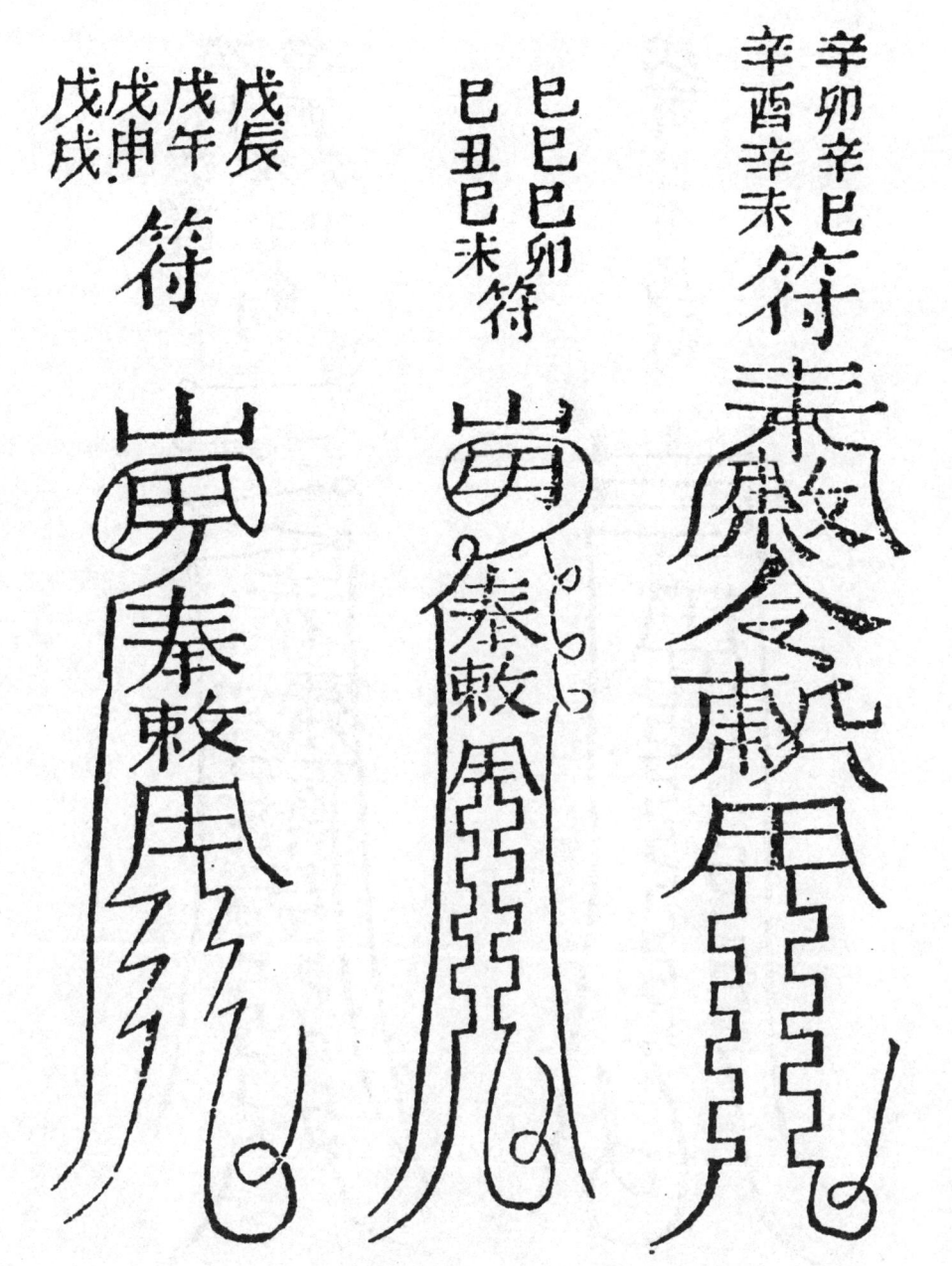

巳巳巳
巳巳卯
巳丑巳未符

戊辰
戊午
戊申
戊戌符

戊寅日，用白绢一尺，埋庚地，东南邻家。用木香、乳香埋中宫，祭之大吉。

癸巳 癸酉 癸丑符
癸酉 癸丑
癸卯

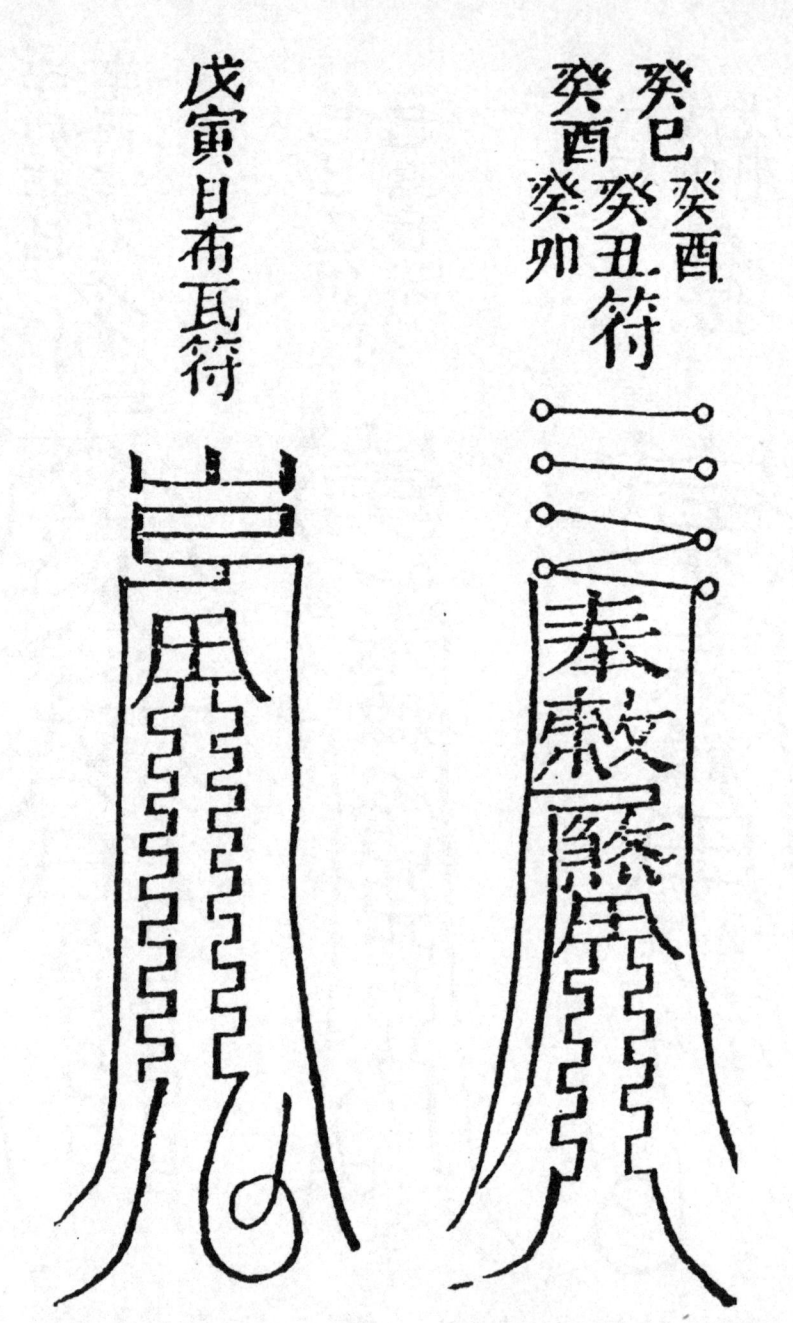

戊寅日布瓦符

己卯日，用木香人一个，随丧镇之。西南又用金精杨起，右避殃杀，埋大门下大吉。

戊子日，用白杨木人一个，绢一尺，埋卯地，大吉。

己丑日，用酒三升，祭玉皇，大吉；埋天地前，酒三升，大吉。

己亥日，用酒德土作泥人二个，埋坤地，大吉。

寅辰日袋子符

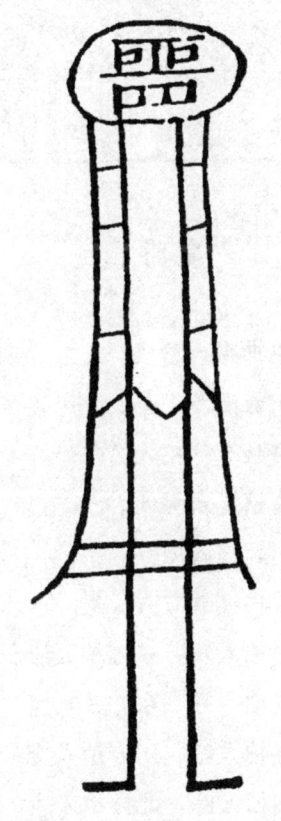

《校正五音墓呼人节要》云：商，辛丑、辛未；宫、羽，壬辰、壬戌；角，未；徵，丙辰、丙戌。东方珀木人呼之，西方应之。

其法：镇四墓上本墓不可镇，若把墓人月内损十人，用相木板长七寸，殊书定字，离墓三步下镇，五音辰戌丑未四墓位大利。

墓呼日

亡人若犯墓呼日，所犯神来入墓辰。

辰戌丑未为四墓，可用板砖原一分。

长是七寸人形相，硃书某方呼柏人。

某方柏人可来应，依法镇之永无凶。

月将但加死时行，掌上顺去墓中寻。

亡人生相入何墓，须看呼唤哪方人。

亡人本命落辰上，北方柏人呼，东方柏人应。

亡人本命落戌上，西方柏人呼，东方柏人应。

亡人本命落丑上，北方柏人呼，东方柏人应。

亡人本命落未上，南方柏人呼，北方柏人应。

禳重丧法

正、三、六、九、十二月，书"六庚天刑"。二月，书"六辛天庭"。四月，书"六壬天牢"。五月，书"六癸天狱"。七月，书"六甲天福"。十月，书"六丙天威"。十一月，书"六丁太阴"。

逐日入棺吉时[①]

子	丑	寅	卯	辰	巳
甲庚	乙辛	己癸	丙壬	丁甲	乙庚
午	未	申	酉	戌	亥
丁癸	乙辛	甲癸	庚壬	丁壬	乙辛

---

① 但凡人入棺，须依此时方吉。

坟墓祭祀之图

太岁后二辰

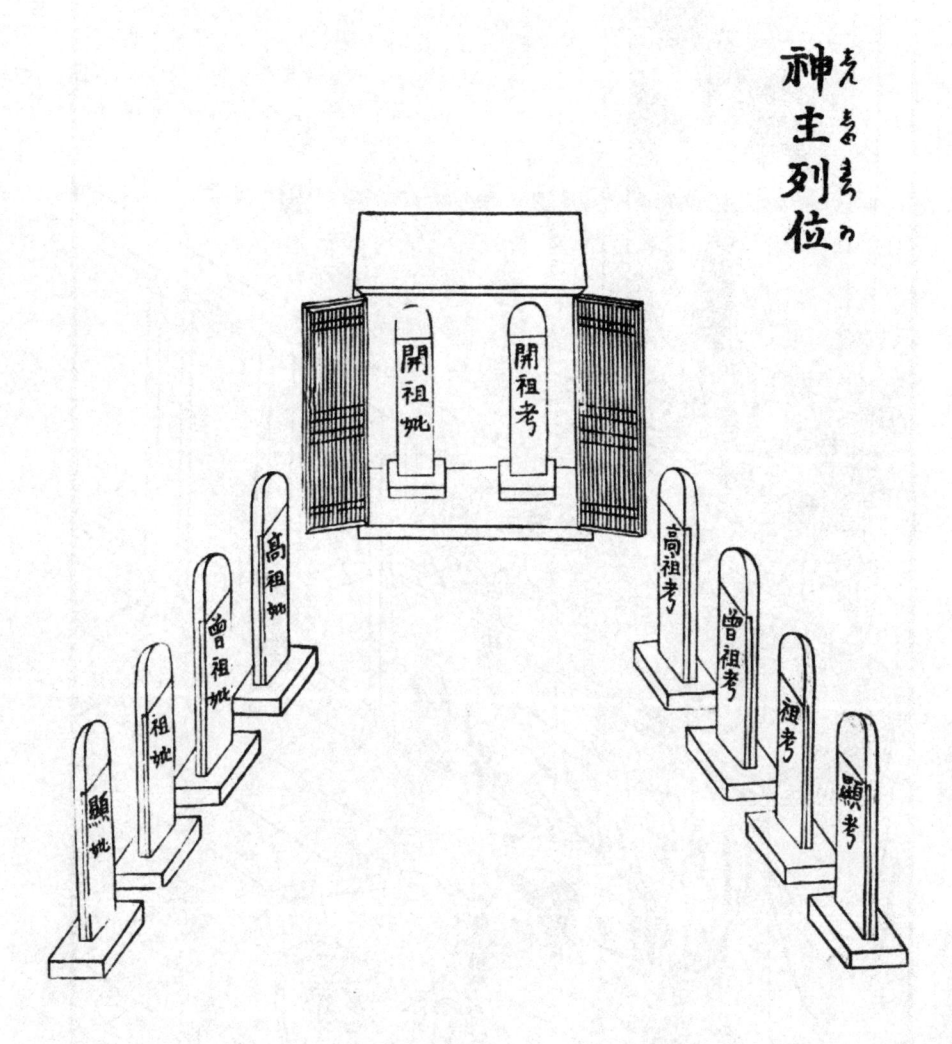

年 寅 卯 辰 巳 午 未 申 酉 戌 亥 子 丑
日 子 丑 寅 卯 辰 巳 午 未 申 酉 戌 亥

神主列位

开祖妣　开祖考

高祖妣　　　高祖考
曾祖妣　　　曾祖考
祖妣　　　　祖考
显妣　　　　显考

柳氏家藏荘元秘诀卷下

天月日

初二、十二、二十三及痨病而死者,宜锯断门限出丧。

逐月三十日镇

初一日，黄土一升，埋庭内。

初二日，黄沙石一斗，埋庭内。

初三日，用清酒一升，埋艮方。

初四日，五木炭各一斤，埋艮方。

初五日，黄沙土一斗，埋子位。

初六日，井花水五升。

初七日，井花水七斤，舍北。

初八日，五木炭一斤，舍午。

初九日，木炭一斤，黄土一斗，舍南。

初十日，五木炭一斤，舍西。

十一日，水银二两，埋舍北。

十二日，水银二两，黄米一升，埋舍北。

十三日，黄米作饭，洒之。

十四日，生铁一斤，埋停处。

十五日，木瓜三枚，埋停处。

十六日，木瓜三枚，埋停处。

十七日，桃木东南枝，灵处。

十八日，赤桐七斗，木瓜三枚，埋舍午。

十九日，门上三升土，埋舍北。

二十日，五木炭一斤，埋舍坤。

二十一日，生铁一斤，舍西。

二十二日，铜钱一斤，埋舍坎。

二十三日，生铁一斤，埋舍北。

二十四日，五木炭，舍午。

二十五日，木炭一斤，舍午。

二十六日，生铁一斤，埋舍北。

二十七日，木炭一斤，舍午。

二十八日，黄豆一斗，木炭一斤，埋舍北。

二十九日，井花水五升，舍北。

三十日，井花水五升，舍北。

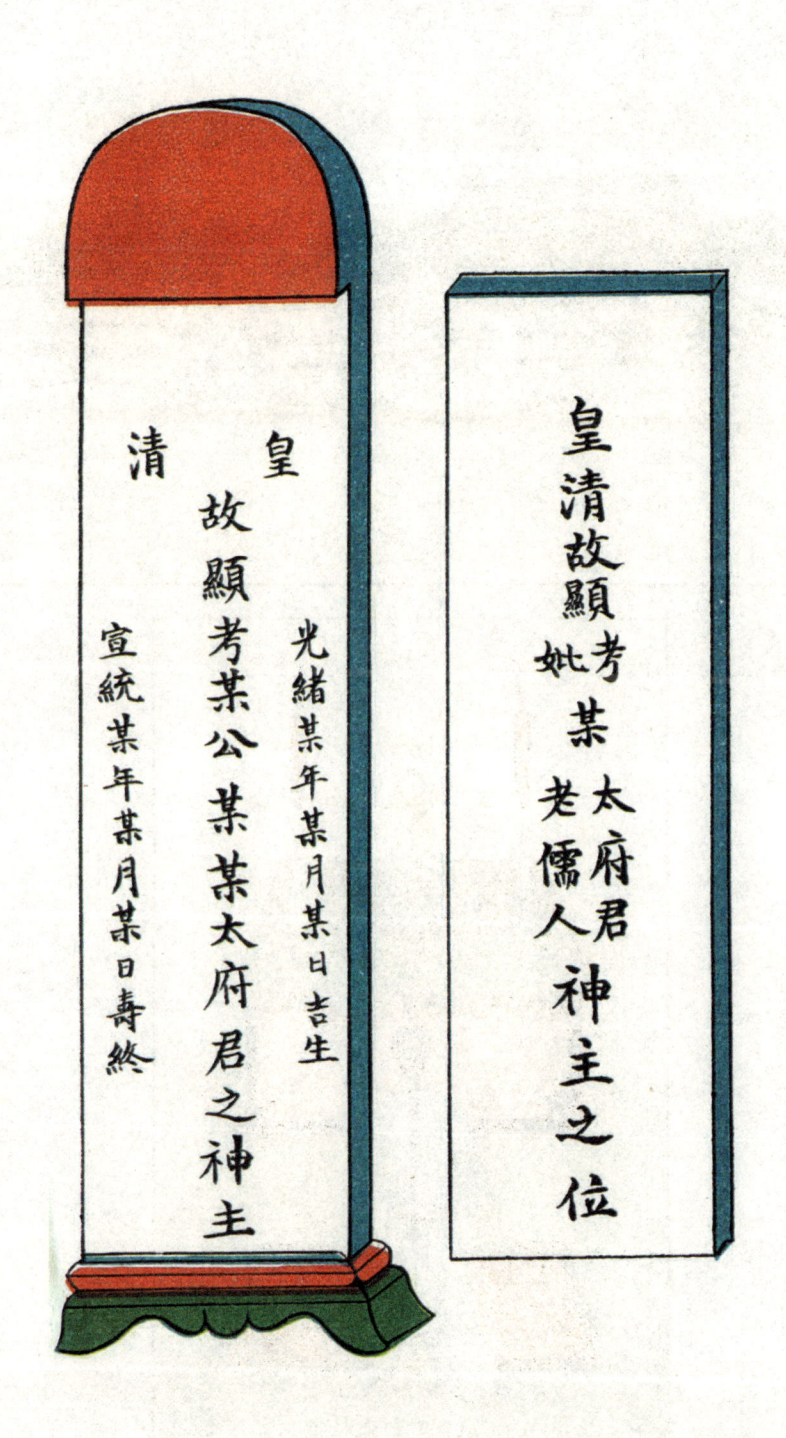

皇清故顯考某太府君
妣某 老孺人 神主之位

皇
故顯考某公某某太府君之神主
清
光緒某年某月某日吉生
宣統某年某月某日壽終

柳氏家藏堃元秘訣卷下

绘图三元总录

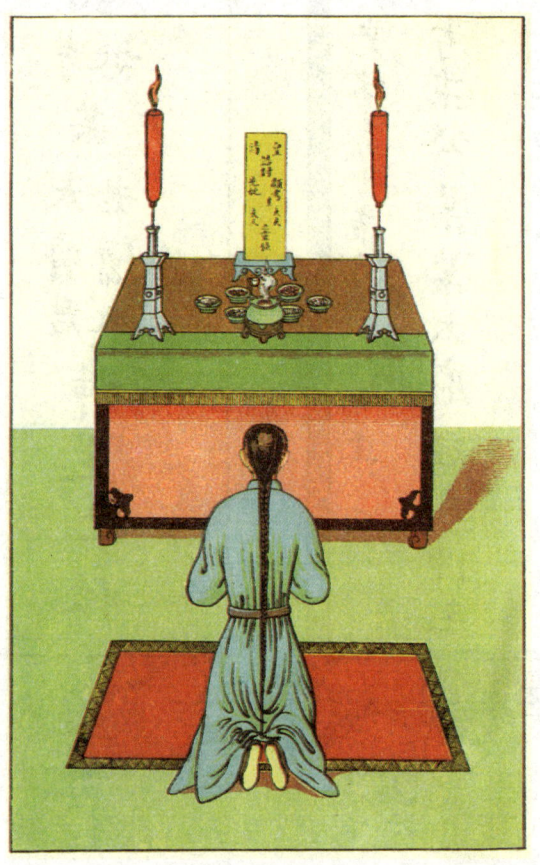

紙元寶

紙錢

柳氏家藏芝元秘訣卷下

绘图三元总录

佛珠

梵鍾

柳氏家藏堪元秘訣卷下

绘图三元总录

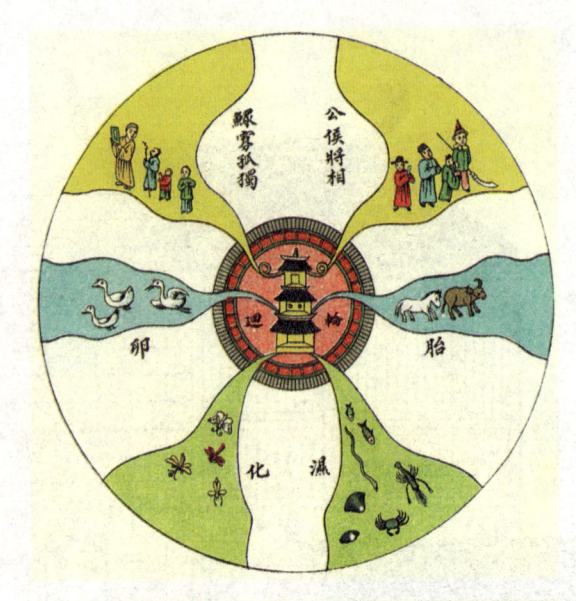

公侯将相
鳏寡孤獨
胎
濕
化
卵
迎
纳

朝亡

· 134 ·

做齋

柳氏家藏荆元秘訣卷下

神杀杂镇

镇物重丧

正	二	三	四	五	六	七	八	九	十	十一	十二
亥	申	巳	寅	亥	申	巳	寅	亥	申	巳	寅

宜用马蹄四枚，椿枝代之，秋木人四个，入墓。

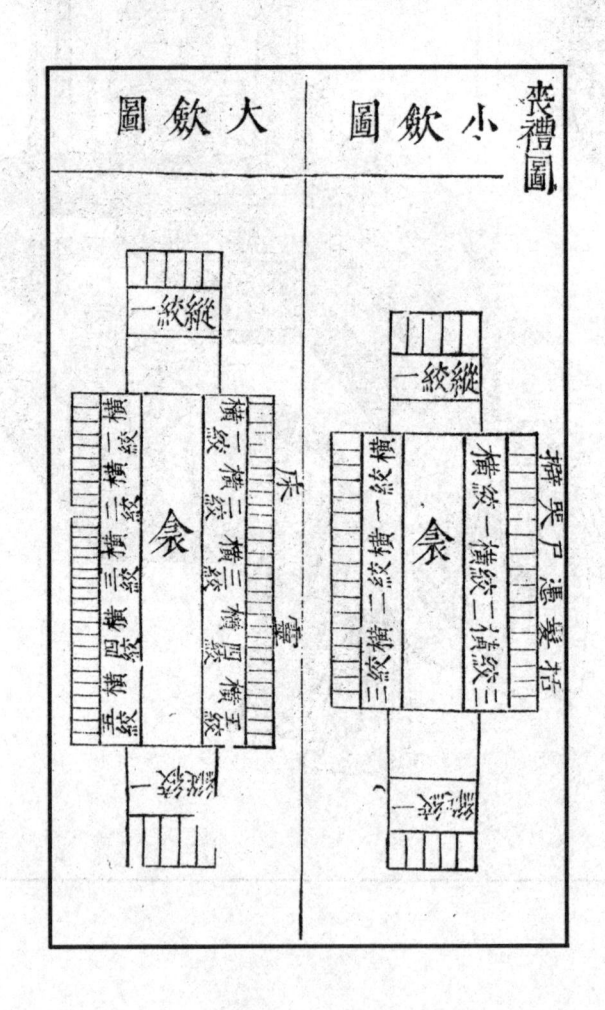

天煞

正	二	三	四	五	六	七	八	九	十	十一	十二
子	酉	午	卯	子	酉	午	卯	子	酉	午	卯

白鸡一支，拔毛代之人墓。

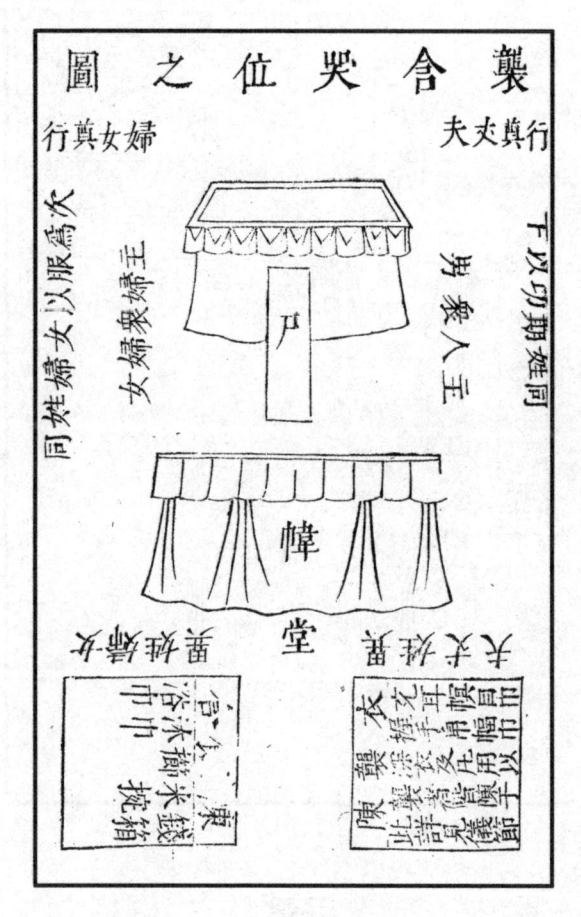

襲含哭位之圖

（圖：婦女真行／行真夫夾／同姓婦女以服為次／婦女象婦主／男象人主／下以切朔祖同／尸／幃堂）

岁煞

正	二	三	四	五	六	七	八	九	十	十一	十二
丑	未	申	辰	丑	未	申	辰	丑	未	申	辰
丑	戌	未	辰	丑	未	庚	辰	丑	未	戌	辰

黄牛皮一两，入墓，或入棺内。

靈座牀之圖

（圖中文字：靈牀被、尸柩、帛、銘旌、倚、卓子）

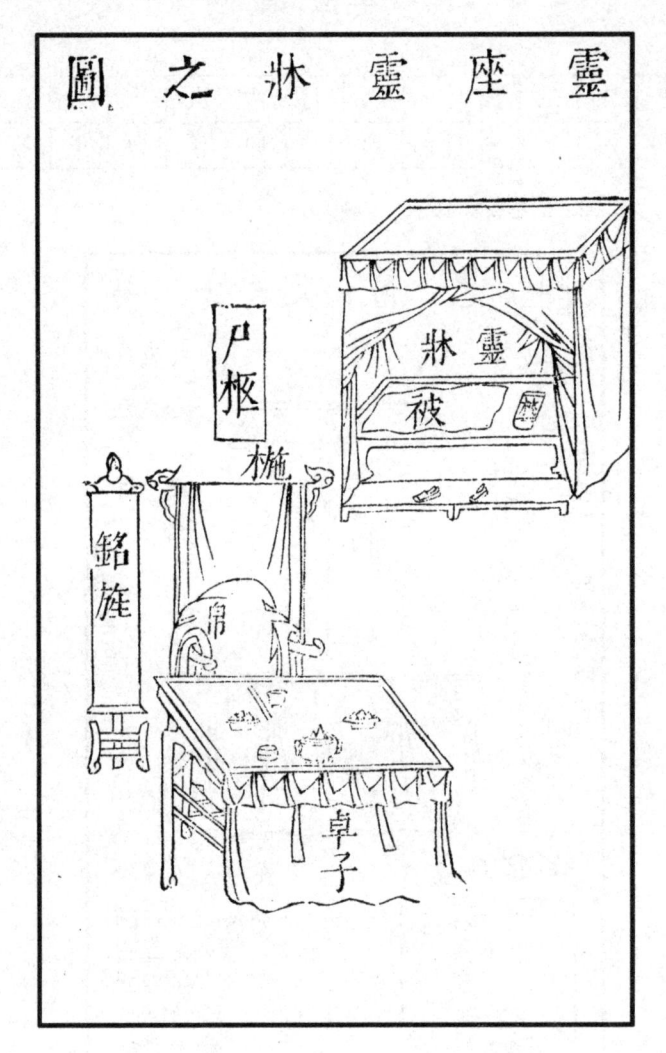

月杀

正	二	三	四	五	六	七	八	九	十	十一	十二
寅	亥	申	巳	寅	亥	申	巳	寅	亥	申	巳

盐豆五升，安埏道前，系棺脚头是也。

神主尺式圖

作主用栗取法時日月辰趺方四寸象歲之四時高尺有二寸象十二月身博三十分象月之日厚十二分辰身趺皆厚十二分剡上五分爲圓首寸之下勒前爲頷而判之一居前二居後前四分後八分陷中以書爵姓名行其公諱某字其弟幾神主陷中長六寸闊一寸合之植于趺身高一尺二寸一分其旁以通中如身厚三之一四分謂圓徑居二分之上寸謂在七分

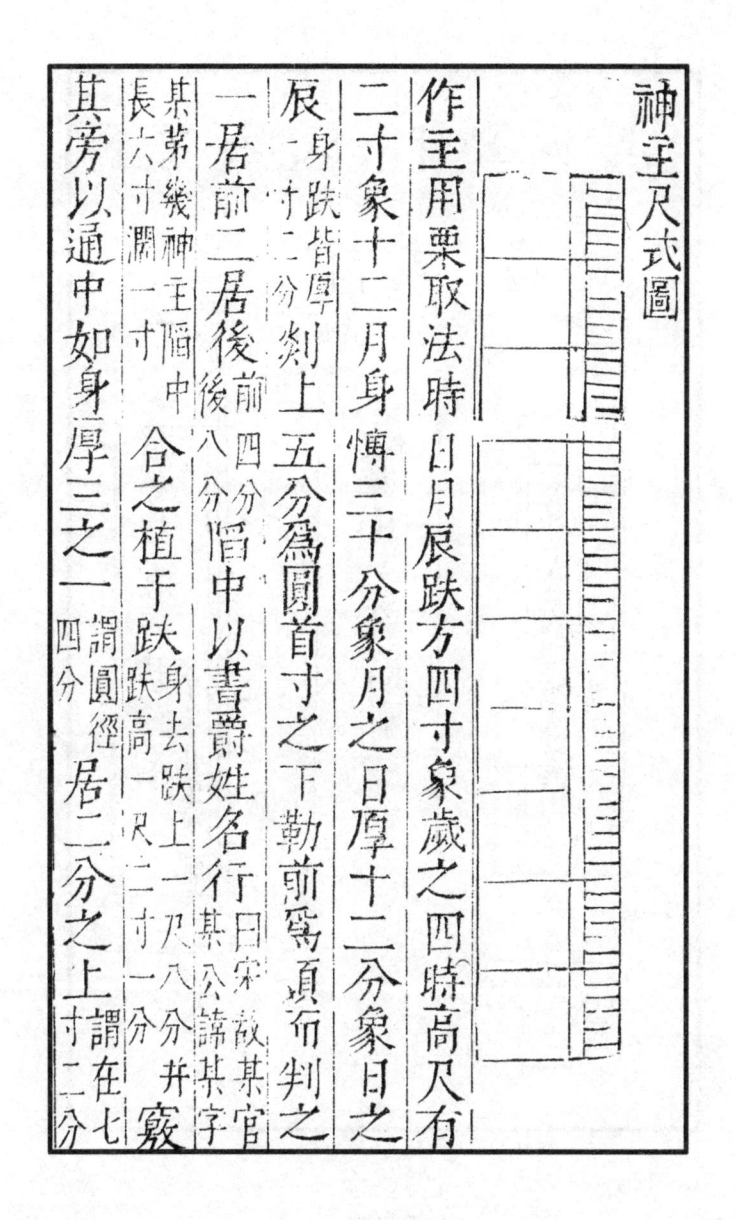

日杀

正	二	三	四	五	六	七	八	九	十	十一	十二
卯	子	酉	午	卯	子	酉	午	卯	子	酉	午

白盐五升，入墓，或入棺内。

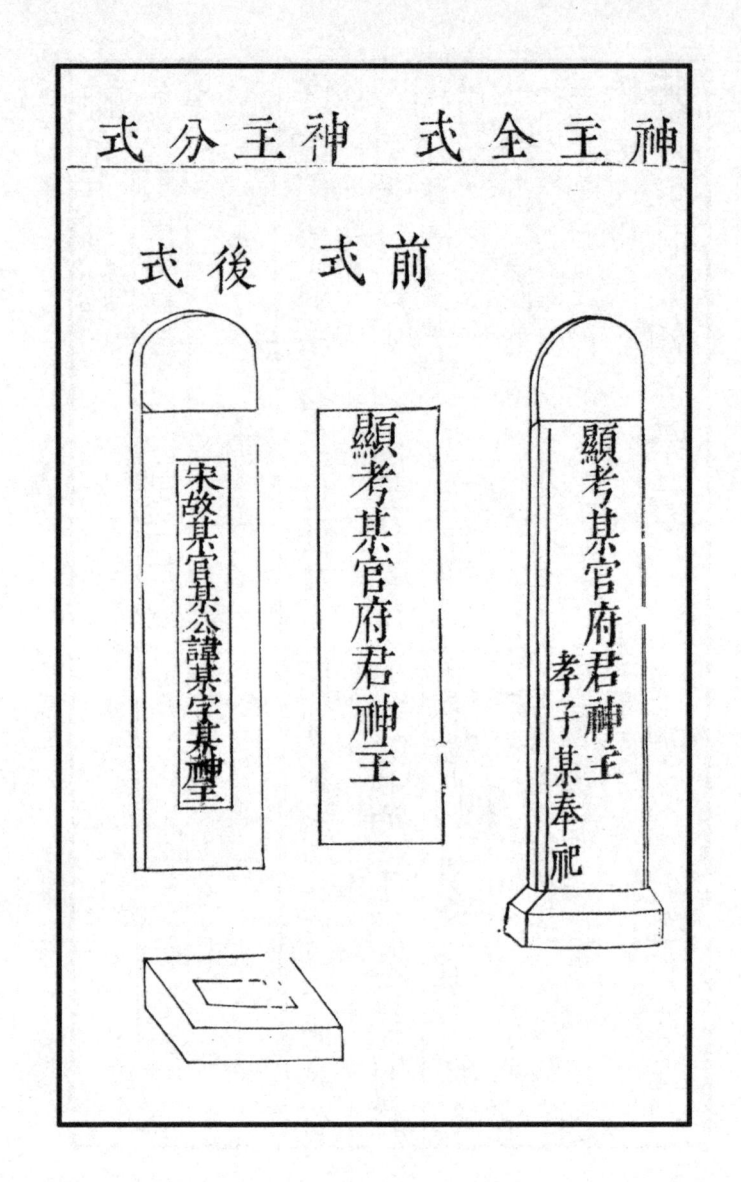

神主全式　神主分式

前式　　後式

顯考某官府君神主
孝子某奉祀

顯考某官府君神主

宋故某官某公諱某字某神主

时杀

正	二	三	四	五	六	七	八	九	十	十一	十二
辰	丑	戌	未	辰	丑	戌	未	辰	丑	戌	未

牛皮一片，豹皮一斤，入墓。

犢 式

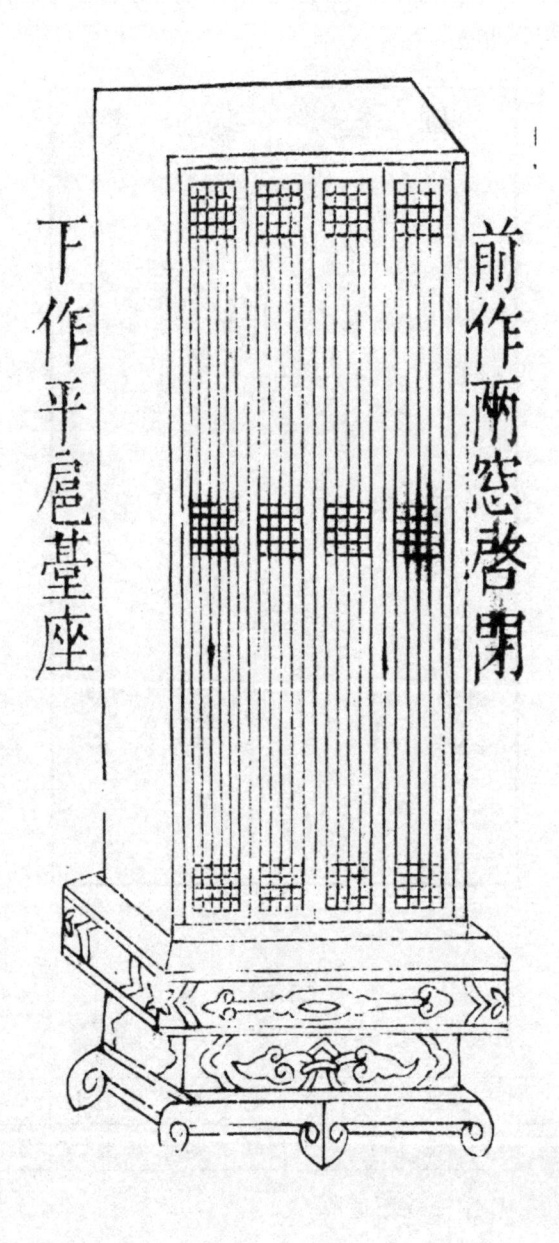

前作兩窻啓閉

下作平扈臺座

柳氏家藏荃元秘訣卷下

月忌

正	二	三	四	五	六	七	八	九	十	十一	十二
寅	卯	辰	巳	午	未	申	酉	戌	亥	子	丑

黄牛皮一两，虎皮一两，人穴。

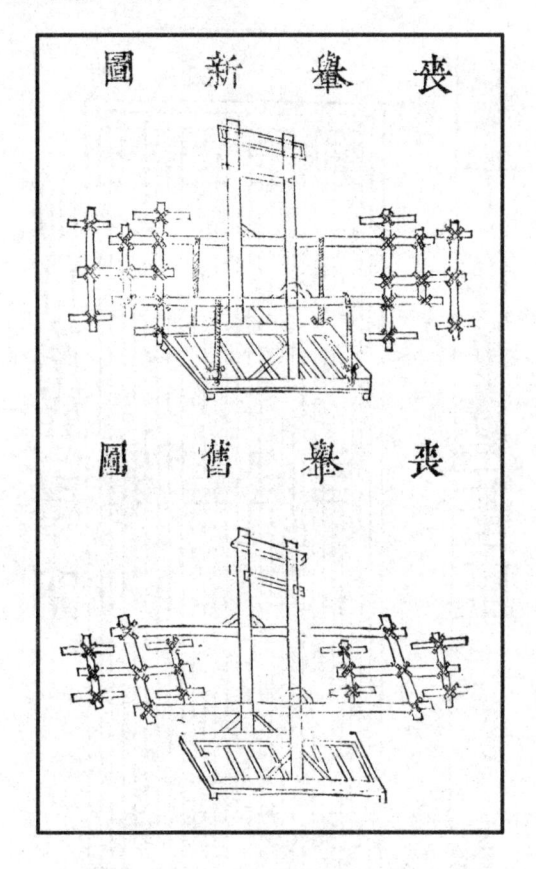

丧舁新图

丧舁旧图

日忌

正	二	三	四	五	六	七	八	九	十	十一	十二
申	酉	戌	亥	子	丑	寅	卯	辰	巳	午	未

木音方取土，作牛一双埏道前。

正	二	三	四	五	六	七	八	九	十	十一	十二
卯	子	酉	午	亥	申	巳	丑	戌	未	寅	辰
卯	子	酉	午	寅	亥	申	巳	丑	戌	未	辰

人参五钱,入墓。

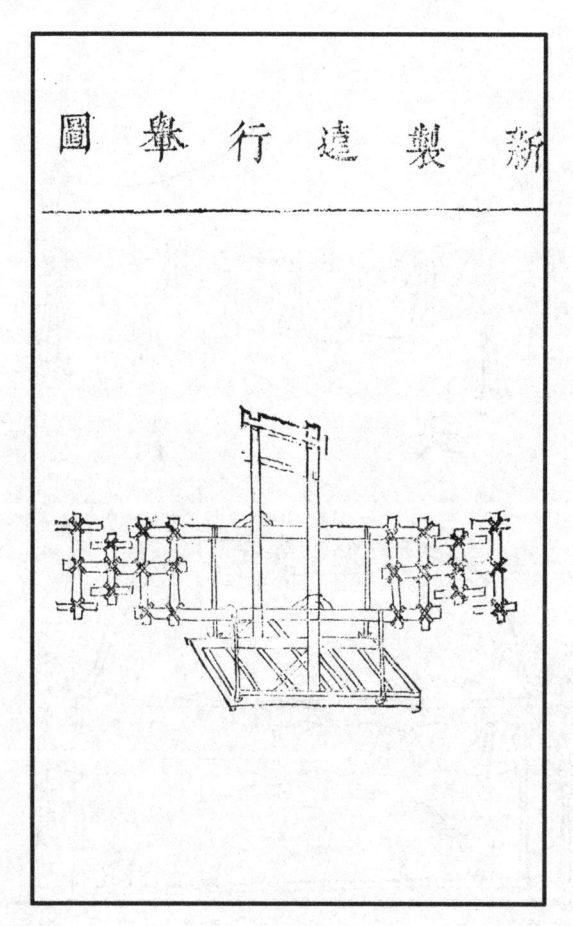

新製遶行举圖

天赫

正	二	三	四	五	六	七	八	九	十	十一	十二
巳	巳	巳	辰	辰	辰	亥	亥	亥	寅	寅	寅

竹格式

旧式

新式

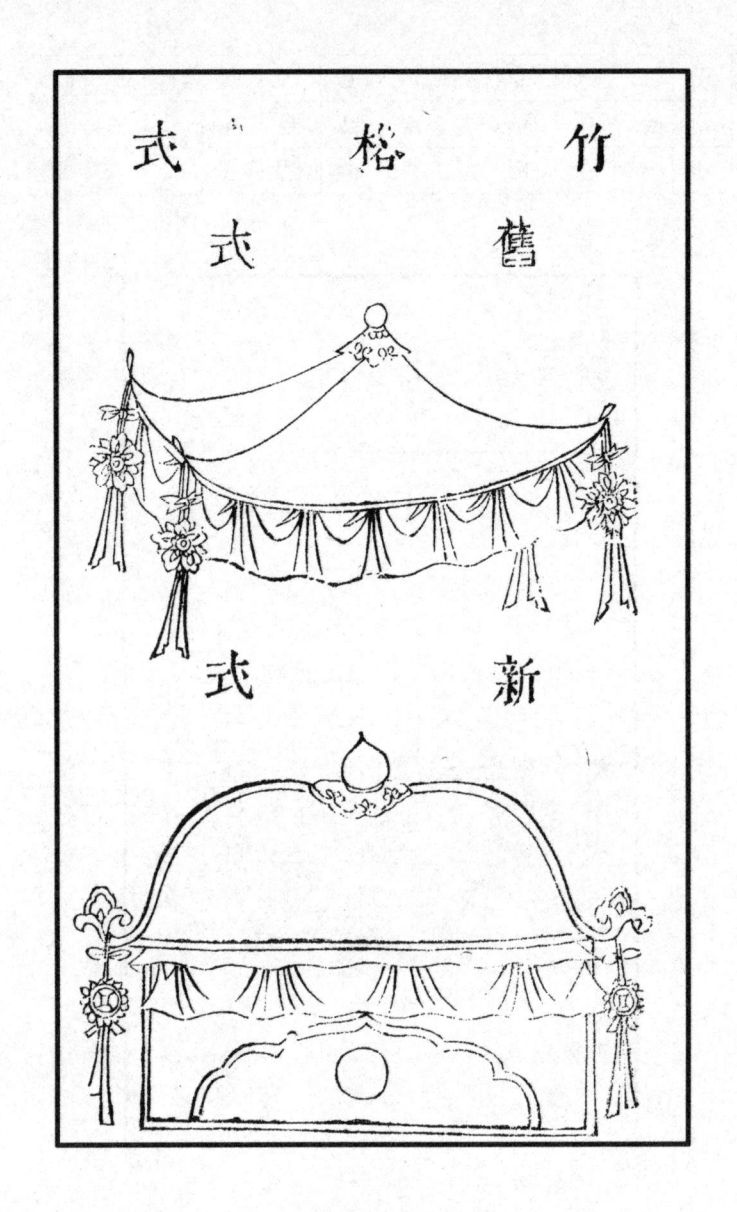

地赫

正	二	三	四	五	六	七	八	九	十	十一	十二
丑	丑	丑	辰	辰	辰	未	未	未	戌	戌	戌

河水一瓶，焦谷豆五升，柳木人五个，土作雀二只，入墓。

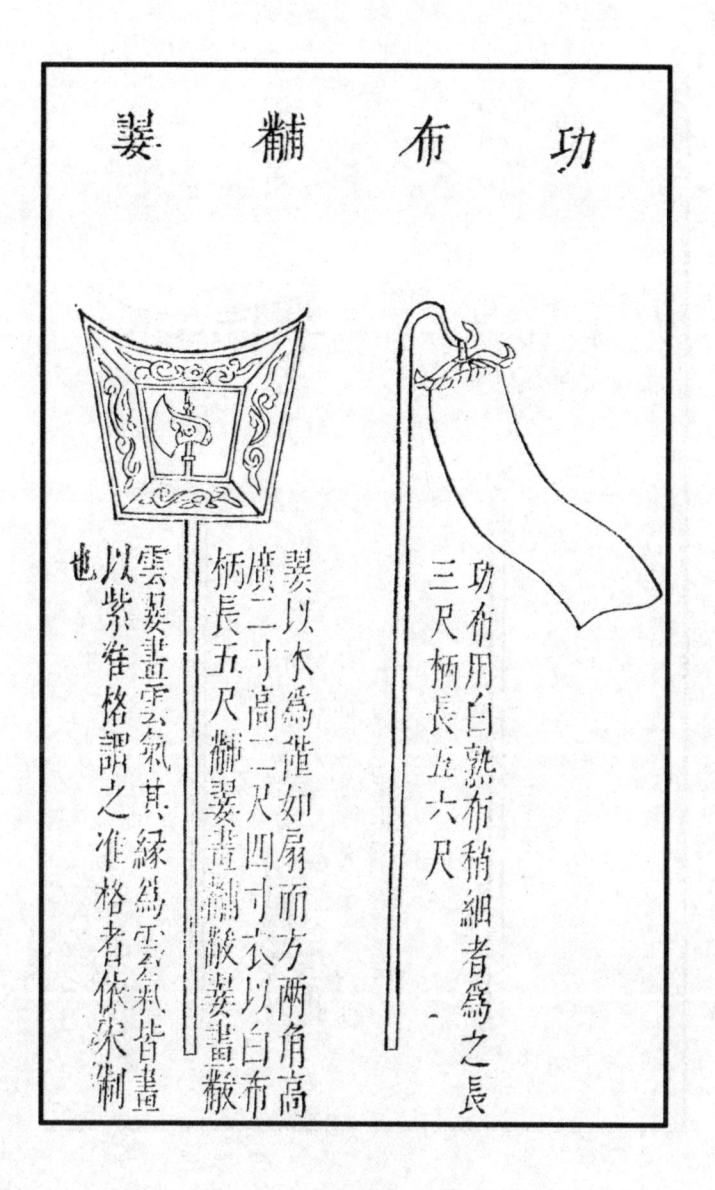

功布纛翣

功布用白熟布稍細者為之長三尺柄長五六尺

翣以木為薩如扇而方兩角高廣二寸高二尺四寸衣以白布柄長五尺黼翣畫黼黻翣畫黻雲翣畫雲氣其緣為雲氣皆畫也以紫准格謂之准格者依宋制

天啞

正	二	三	四	五	六	七	八	九	十	十一	十二
酉	酉	酉	子	子	子	卯	卯	卯	午	午	午

桂心、南藥各五錢，挻道口。

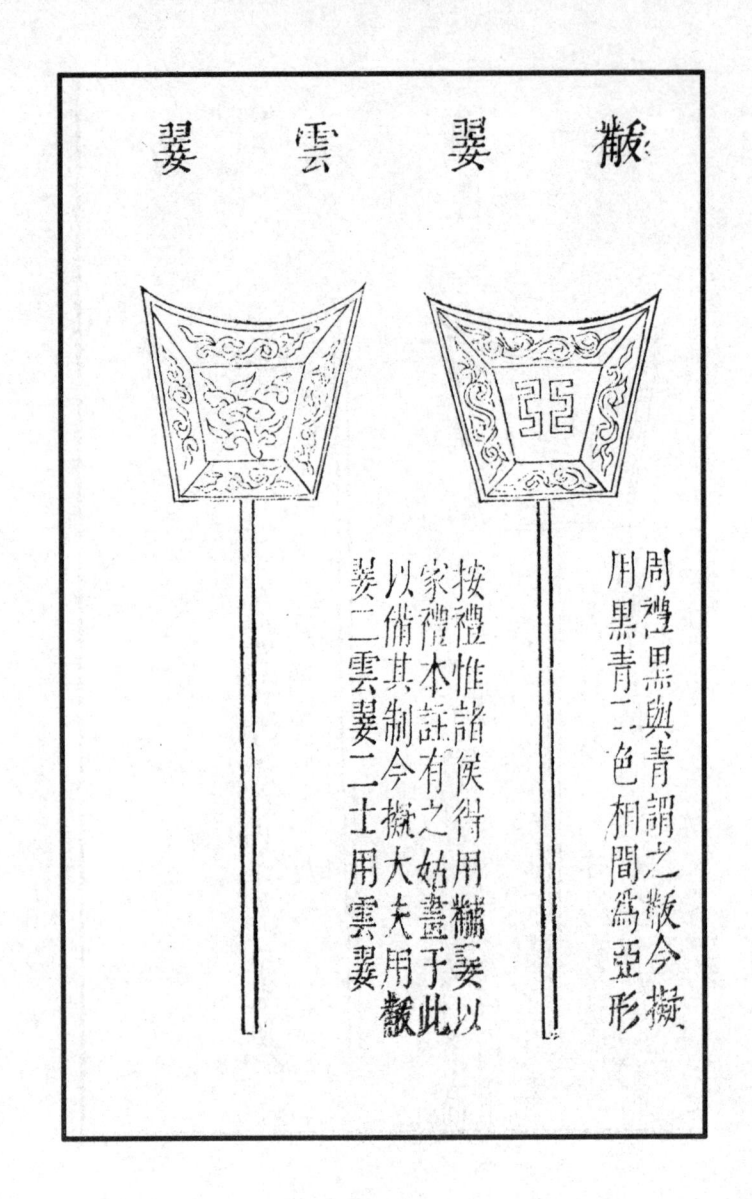

黻　黼雲　黼

周禮黑與青謂之黼今擬
用黑青二色相間為亞形

按禮惟諸侯得用繡黼黻以
家禮本註有之姑盡于此
以備其制今擬大夫用黼
黻二雲黼二士用雲黼

九坎

正	二	三	四	五	六	七	八	九	十	十一	十二
辰	丑	戌	未	卯	子	酉	午	寅	亥	申	巳

熟小豆一升，柏子一兩，入墓。

方相圖

士用之

有官者用之

墓呼

正	二	三	四	五	六	七	八	九	十	十一	十二
未	辰	丑	酉	午	卯	子	申	巳	寅	亥	戌

黍谷豆各一升，麦面一斤，入穴中。

	正	二	三	四	五	六	七	八	九	十	十一	十二
猫	寅	辰	午	申	戌	子	寅	辰	午	申	戌	子
朱雀	卯	巳	未	酉	亥	丑	卯	巳	未	酉	亥	丑
白虎	午	申	戌	子	寅	辰	午	申	戌	子	寅	辰
凤凰	申	戌	子	寅	辰	午	申	戌	子	寅	辰	午
玄武	酉	亥	丑	卯	巳	未	酉	亥	丑	卯	巳	未
勾陈	亥	丑	卯	巳	未	酉	亥	丑	卯	巳	未	酉

桃仁三十个，面鸡二只，青石二十斤，入穴。

發引圖

幛　布

重日

正	二	三	四	五	六	七	八	九	十	十一	十二
甲	乙	戊	丙	丁	己	庚	辛	戊	壬	癸	己

小函子一个，殊书四字于函内，前月下载明入墓棺上。

柩

复己

正	二	三	四	五	六	七	八	九	十	十一	十二
庚	辛	己	壬	癸	戊	甲	乙	己	丙	丁	戊

织一根木锯一段入棺。

功布 翣 靈車

重复

己亥日岁德土作泥人五个，甘草一两，桑枝根一段，入棺。

食案　銘旌　明器

偏日

月建前三辰，平收日猪脂一斤，入墓。

香案 方相

大呼

房虚昴星，生铁一斤，铜钱四十九文，入棺。

喪服總圖

三年 斬衰	用至麁麻布爲之不縫下邊齊衰
三年 期即一年 亦期 杖不杖期 一年	用稍麁麻布爲之縫下邊
大功 九月	用麁熟麻布爲之
小功 五月	用稍麁熟布爲之
緦麻 三月	用稍細熟布爲之

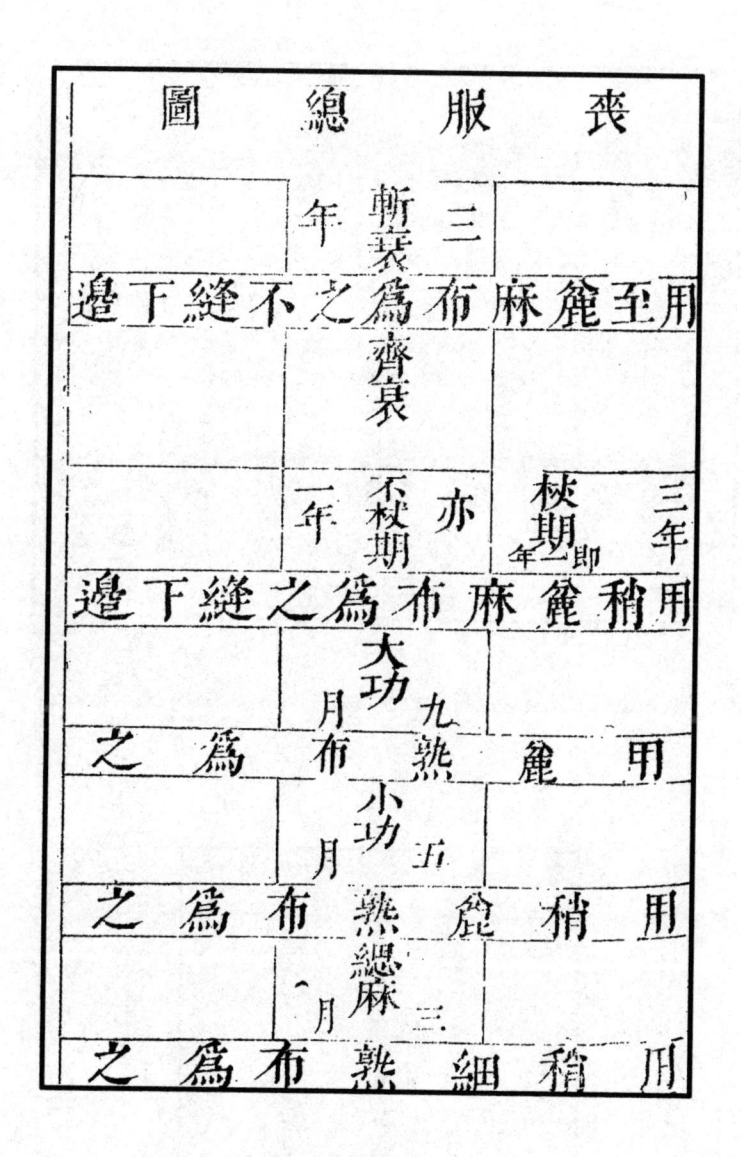

天翼

正	二	三	四	五	六	七	八	九	十	十一	十二
巳	亥	午	子	未	丑	申	酉	辰	酉	亥	午

地黄一兩，入墓。

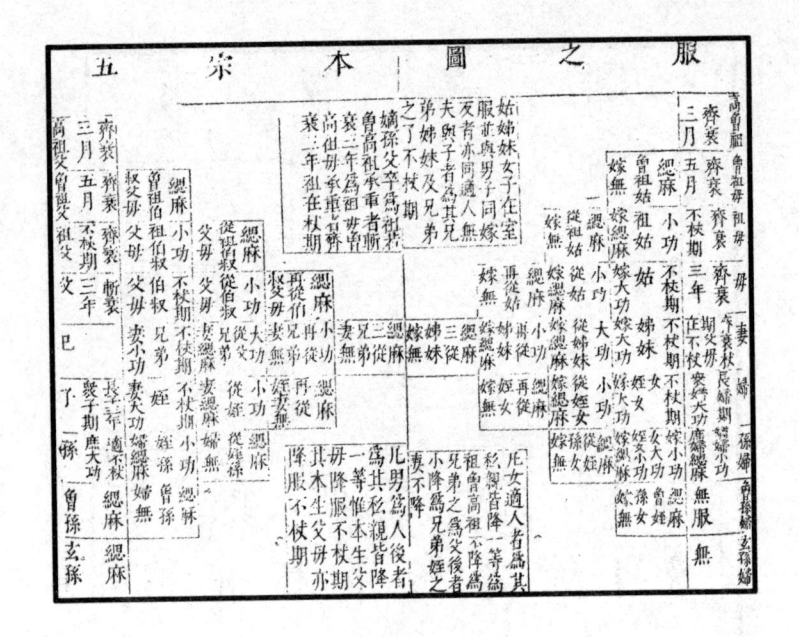

天不复

春庚申，夏壬子，秋甲寅，冬丙午。

地不复

柏木人三十个,黄纸代之,入墓。

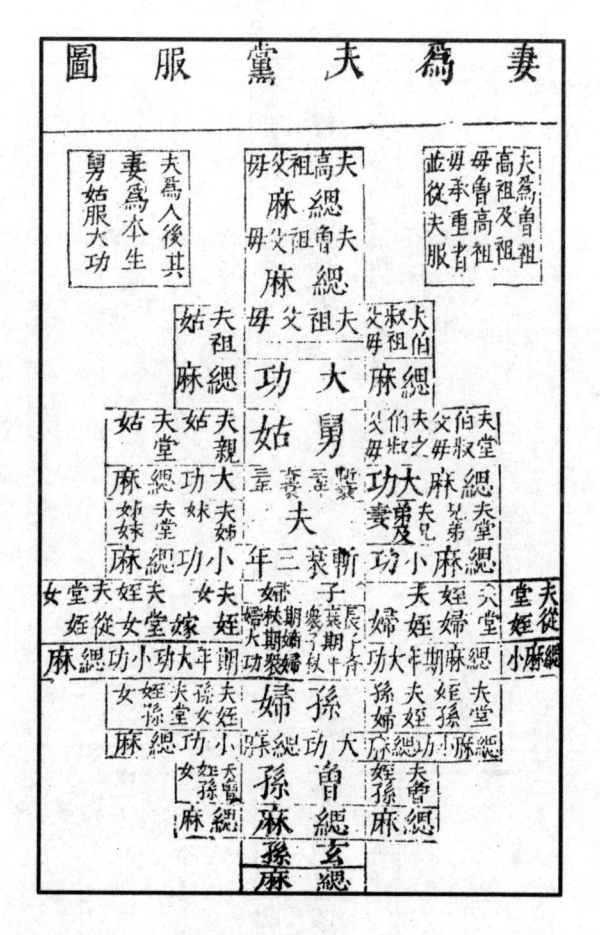

妻爲夫黨服圖

吊客

太岁后二辰,桑白皮一斤,入墓。

外族母黨妻黨服之圖

祖父母緦麻	外祖父母小功	婦人為夫外		
	親姨雖嫁出亦同服	妻父母緦麻	為夫之舅緦麻	舅小功	冊之兄弟婦人
為夫從母緦麻	從母小功	兩姨兄弟	舅之子曰內兄弟	緦麻 姊妹之	姑之子曰外兄弟
	從母姊妹謂從	姊妹之女	壻緦麻	甥小功 婦緦 子曰甥	
	曰甥女	甥女小功	外孫緦麻 婦服並同	女之子也	

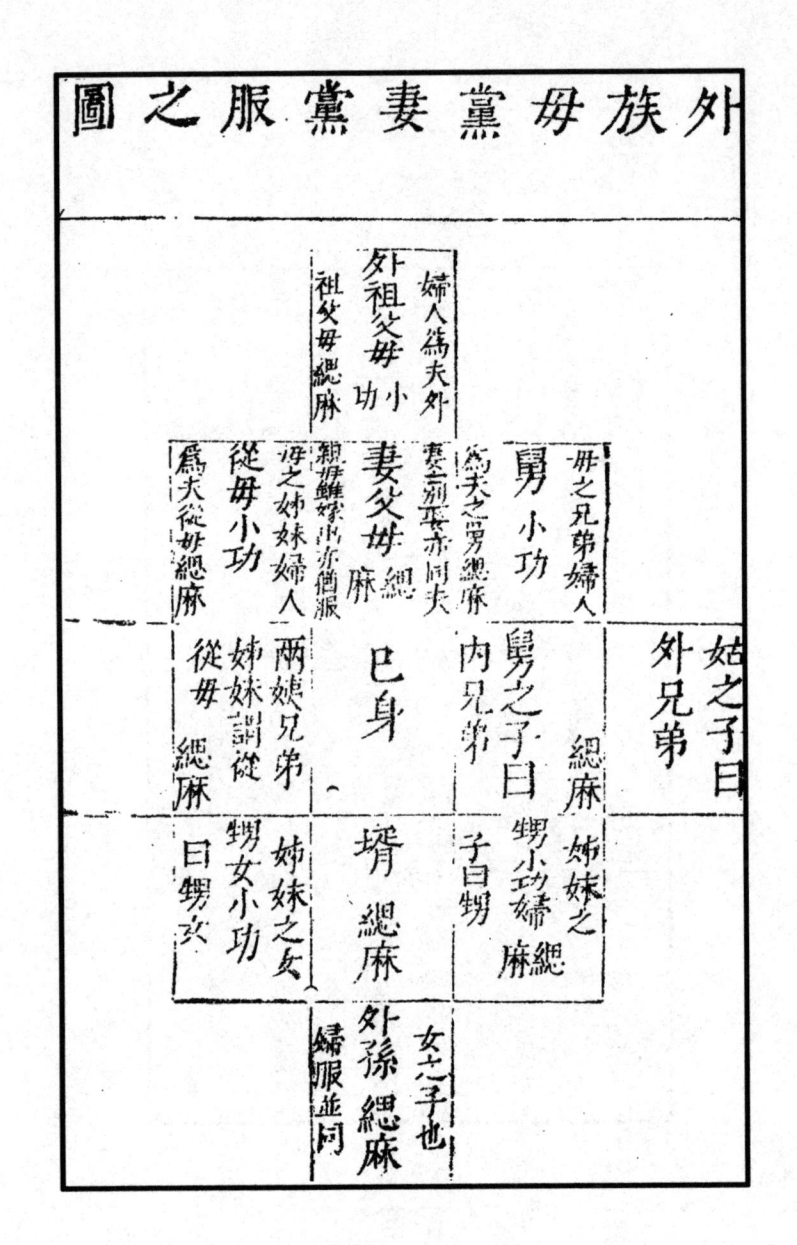

大煞

正午，二卯，三酉，四子，六卯，九午，十酉，十二子。

妾為家長族服之圖

家長父母 期 年		
正室期年	家長 斬衰三年	
為其子 期 年	家長長子 期 年	眾子 期 年

飞廉

正七辰戌，二八巳亥，三九子午，六卯，十二酉。
桑枝一条入墓。男左女右安之。

三父八母服制之圖

謂自刎過 斬衰

養母三年 房奐入

嫡母三年 謂妾生子稱

齊衰杖期 庶母 謂父有子妾嫡子衆子齊衰

嫁母杖期 謂親母死再嫁他人者齊衰杖期

出母杖期 謂親母因父斬衰三年被父出

乳母麻總 謂父妻乳哺者即妳母

慈母三年 斬衰 謂所生母死父今別妾撫育者

繼母三年 斬衰 謂父娶父之正妻

後妻 無服 父死繼母再嫁他人隨去者

從繼母嫁

齊衰杖期

同居繼父 父有大功親謂繼父同居自柰曾隨毋與繼父同居

齊衰三月

兩無大功親謂繼父無子已身亦無伯叔兄弟之親不同居齊衰三月

期年

父有大功親謂繼兩有大功親謂繼父有子孫自已亦有伯叔兄弟之類

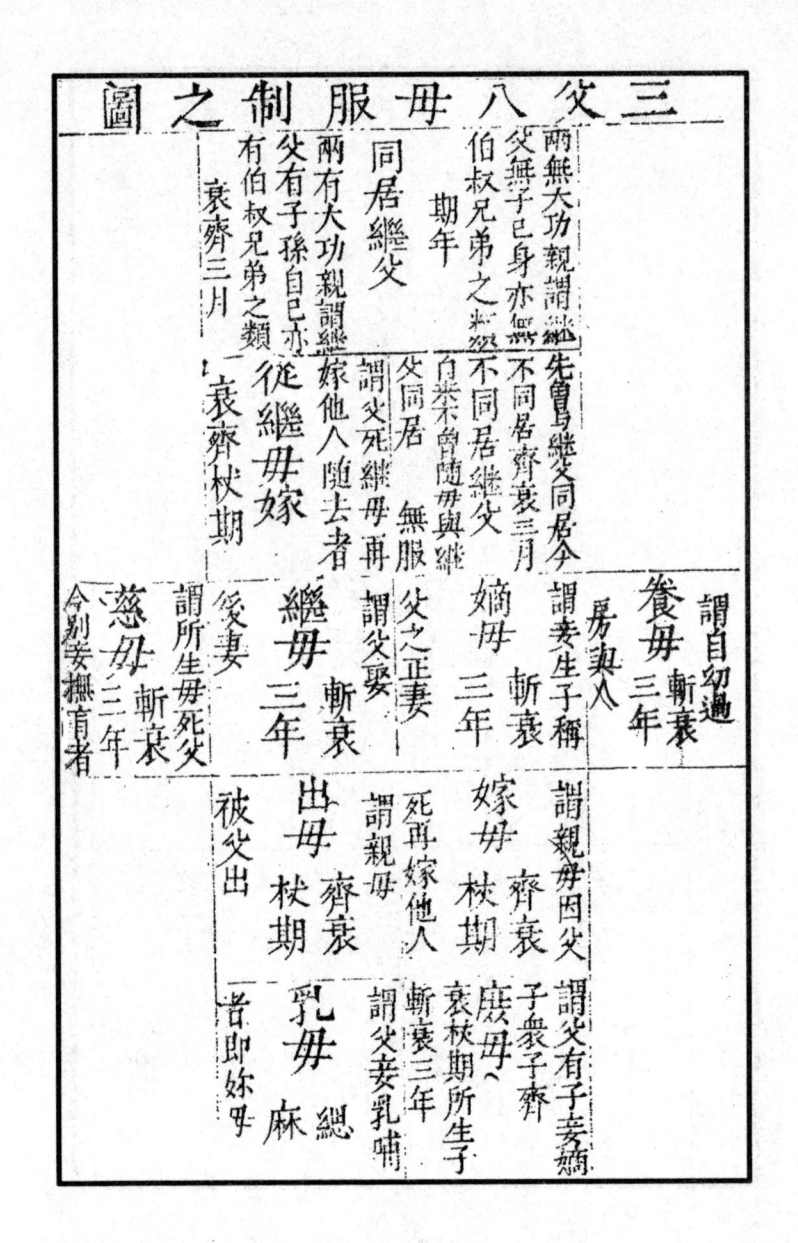

到日

戊己日，銅錢一百文，黃豆一升，脯肉一斤，入墓。

大宗小宗圖

大宗	小宗	小宗	小宗	小宗
始祖封爲始祖 始遷以初 長子繼之 世世爲大宗 子孫 統族人主 始祖墓祭 百世不遷	高祖至玄孫爲繼高祖小宗 傳 統三從兄弟 至高祖廟祭 至其子則遷	曾祖至曾孫爲繼曾祖小宗 傳 統再從兄弟 至曾祖廟祭 至其孫則遷 五世	祖傳至孫爲繼祖小宗 統從兄弟 至祖廟祭 至曾孫則遷 五世	禰生所子爲繼禰小宗 統親兄弟 至禰廟祭 至玄孫則遷 五世

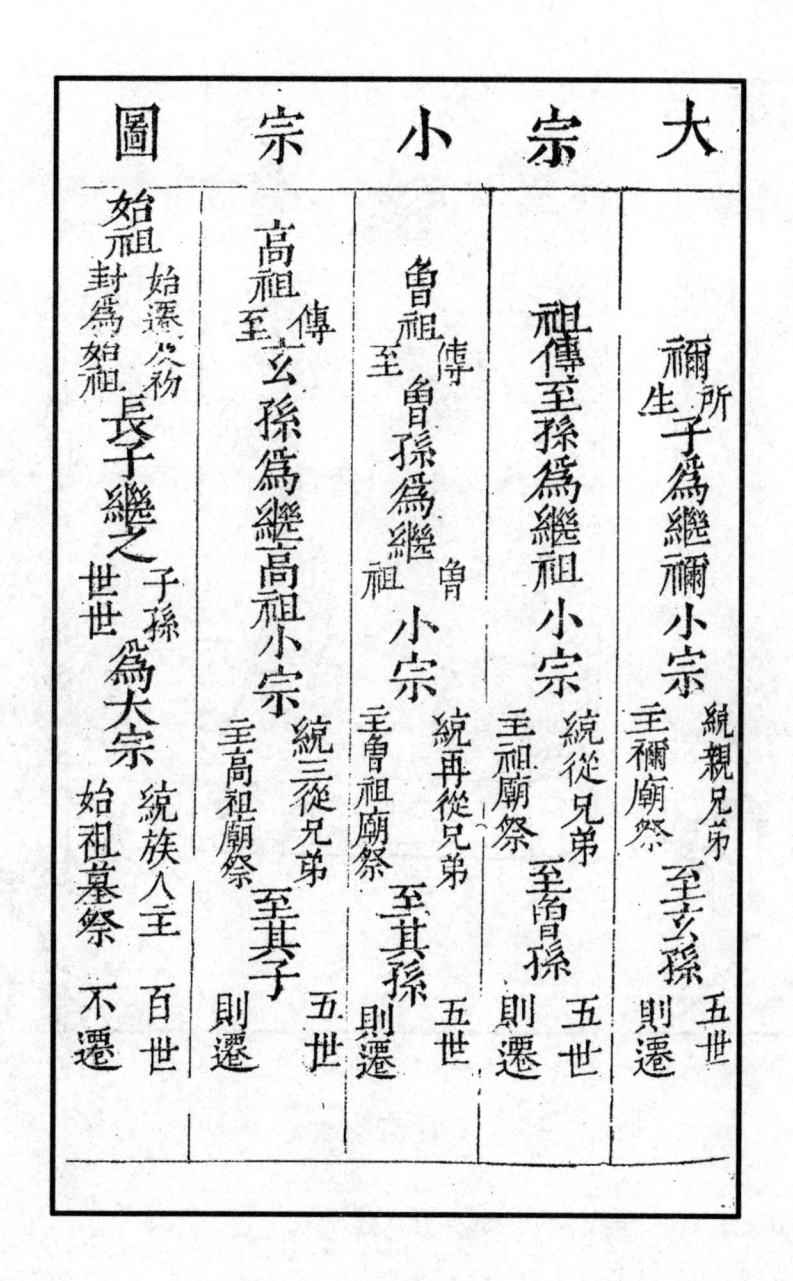

呼日

寅辰日，灵前土一斗，袋子一件，替人不入棺。

呼龙

宫羽十二月，商九月，日角三月，徵六月。

生铁半斤，入墓。

小墓

宫羽六七，日商七十一月，日角正五九月，徵四六十二月。

受杀

猪肉一斤,入墓。

改正僧道尼姑及内使小儿,未满百日不须禳镇,只用五谷六精入棺则吉。

改正凶死、产亡、自缢、刑伤、落水、火化、毒死、刀伤及疲痞瘵疾,不可入茔,本音上下利方,男上女下,埋之则吉。

改正如前凶亡,若要入坟者,宜用太岁骨、十二精、七种香、避殃砂、五精石、硃砂、雄黄,各按方位四凶作吉,亦无大咎。外丧入宅者同镇。

安五精镇符

东北安青石,东南安红石,西南安白石,西北安黑石,穴中安黄石。咒曰:五星八地,神灵保佑。岁星居左,太白居右。荧惑在前,辰星立后。镇星守中,避除殃咎。妖异灾变,五星摄按。亡者安宁,生者福寿。急急如律令!

太上沐浴度魂真符

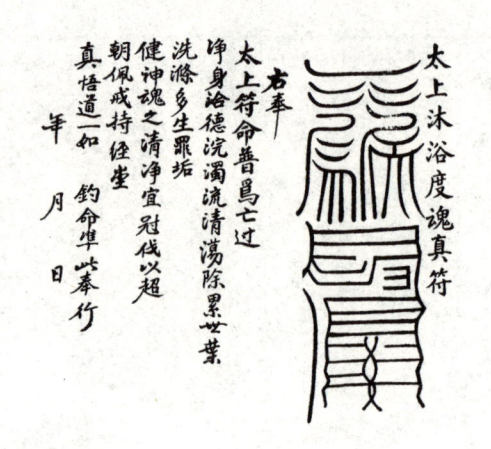

太上符命普詔七过
净身治德洗涤浊流清荡除累世冤
洗涤多生罪垢
健神魂之清净宜刬伐以超
朝佩戒持往堂
真悟道一如

古奉
年　月　日　鈞命準此奉行

殃杀出日时

殃杀何日何时出，但如月将死时推。

若逢辰戌魁罡上，女魁男罡定出之。

假如未将巳时死，男就以将加时上顺数至页上遇辰字，为天罡，即寅日、寅时出友，即申时遇河魁是也，万无一失。

正月从巳上起，将顺行二月午上起是也。女从亥十一顺行二月于辰，三月丑上是也。

十二月将

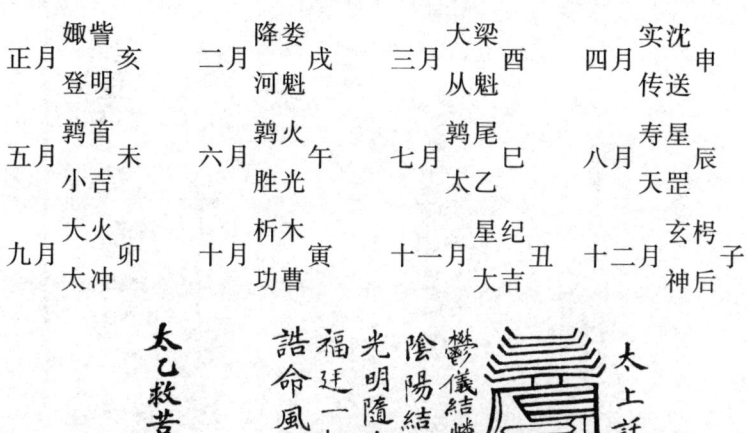

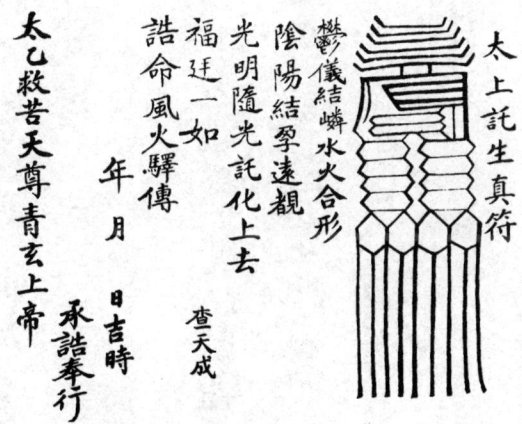

正月	娵訾 亥 登明	二月	降娄 戌 河魁	三月	大梁 酉 从魁	四月	实沈 申 传送
五月	鹑首 未 小吉	六月	鹑火 午 胜光	七月	鹑尾 巳 太乙	八月	寿星 辰 天罡
九月	大火 卯 太冲	十月	析木 寅 功曹	十一月	星纪 丑 大吉	十二月	玄枵 子 神后

太上託生真符

鬱儀結璘水火合形
陰陽結孕遠觀
光明隨光託化上去
福廷一如
誥命風火驛傳

年　月　日吉時　查天成

太乙救苦天尊青玄上帝　承誥奉行

殃杀出方化气

殃杀出方推死日，但将支干两分之。

男干女支如临墓，便是去方无所疑。

甲乙寅卯属木，木库在未，西南方化为青气。

丙丁巳午属火，火库在戌，西北方化为红气。

庚辛申酉属金，金库在丑，东北方化为白气。

壬癸亥子属水，水库在辰，东南方化为黑气。

戊己辰戌丑未属土，土库在辰，东南方化为黄气。

> 關
>
> 壇門出給關文一道將此施食功德一分座下用伸超度
>
> 冥中領訖　如遇關津渡口把隘去處毋得阻滯火速遞送毋違須至關者
>
> 　年　月　日　右關給付

殃起尺数

甲己子午九，乙庚丑未八，丙辛寅申七，丁壬卯酉六，戊癸辰戌五，巳亥是四数。

且如甲子日，甲属九尺，子属九尺，共合为一丈八尺。余仿此。

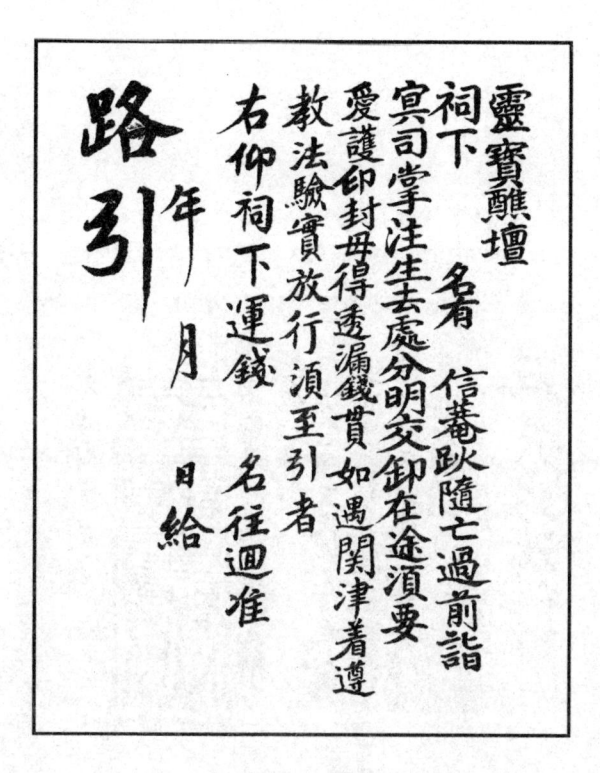

```
靈寶醮壇
祠下　名省　信荐跂隨亡過前詣
冥司掌注生去處分明交卸在途須要
愛護印封毋得透漏錢貫如遇關津着遵
教法驗寶放行須至引者
右仰祠下運錢　名往迴准
路引　年月　日給
```

日干重复

即重丧，镇法前载分明。

五七连甲庚，二八乙辛当，丁癸五十一，四十丙壬午，三九六十二，戊己是重伤。

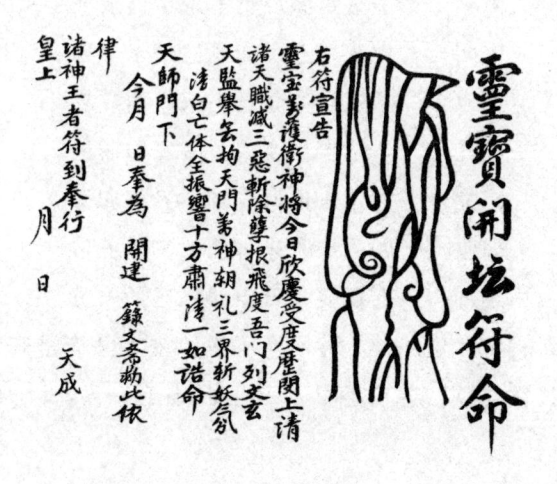

```
靈寶開壇符命
右符宣告
靈寶萬護衛神將今日欣慶受度歷關上請
諸天職滅三惡斬降尊振飛度吾門列玄
天監察玄拘天門萬神朝礼三界斬妖氛
淨白亡体全振響十方肅淸一如誥命
天師門下
今月　日奉為　開建　籙文希勒此依
皇上
諸神王者符到奉行
律　　　　　　　　月　日　天成
```

妨忌生人

生人吊奠不利，有服亲人不忌。

正、四、七、十月忌属虎猴蛇猪，二、八、五、十一月忌属鼠马鸡兔，三、六、九、十二月忌属龙狗牛羊。论交节。

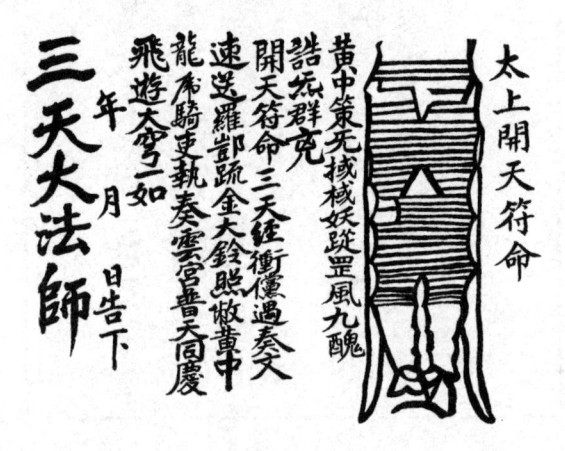

符文：
太上開天符命
黄中策无撼械妖蹤罡風九醜
諧炁群兇
開天符命三天徑衝儴過奏文
速送羅酆疏金大鈴煦徹黄中
龍虎騎吏虩奏雲宮普天同慶
飛遊太空一如
三天大法師
年 月 日告下

禳殃不出

建为太岁破大耗，平为勾陈收作绞。

开太阴星执小耗，不离阴阳只到老。

阳年	子丑寅卯辰巳午未申酉戌亥
大阴	戌亥子丑寅卯辰巳午未申酉
太岁	子丑寅卯辰巳午未申酉戌亥
大耗	午未申酉戌亥子丑寅卯辰巳
小耗	巳午未申酉戌亥子丑寅卯辰
勾陈	卯戌巳子未寅酉辰亥午丑申
绞神	酉辰亥午丑申卯戌巳子未寅

殃出日时，若犯六位凶神，冲回即不出，主人又有重丧，则用六精药七种香为末，以铁豌豆，各房洒之。又用白雄鸡一只，以桑枝打头而鸣，代魂出，大吉。

符貼吉處仙師敕令

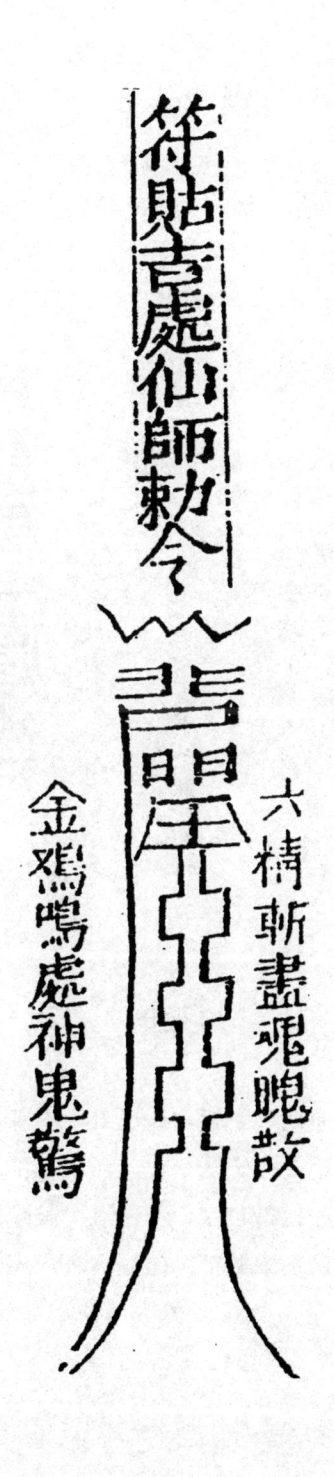

六精斬盡魂魄散

金雞鳴處神鬼驚

柳氏家藏堃元秘訣卷下

殃煞占处

寅窗卯门辰在墙，巳在洋沟午未梁。
申酉在碾戌亥灶，子丑二时在厅堂。

開通冥路天尊

天運　年　月　日吉時告下　承詰奉行

三界逍遥　上清一如告命

天齊年永度三塗五苦八難起凌

長存隨刧輪轉與

南宮死魂受煉仙化成人生生受度刧刧

制魔保舉度品

元始符命時刻昇仙比都咸池部衛形魂

太上淨鄷都開通業道寶誥

知死时

子午卯酉恰中指，辰戌丑未手掌舒。
寅申巳亥握定拳，亡人死去必不差。
子午卯酉口狼张，辰戌丑未眼睁开。
寅申巳亥拳着手，但逢火日尸不僵。

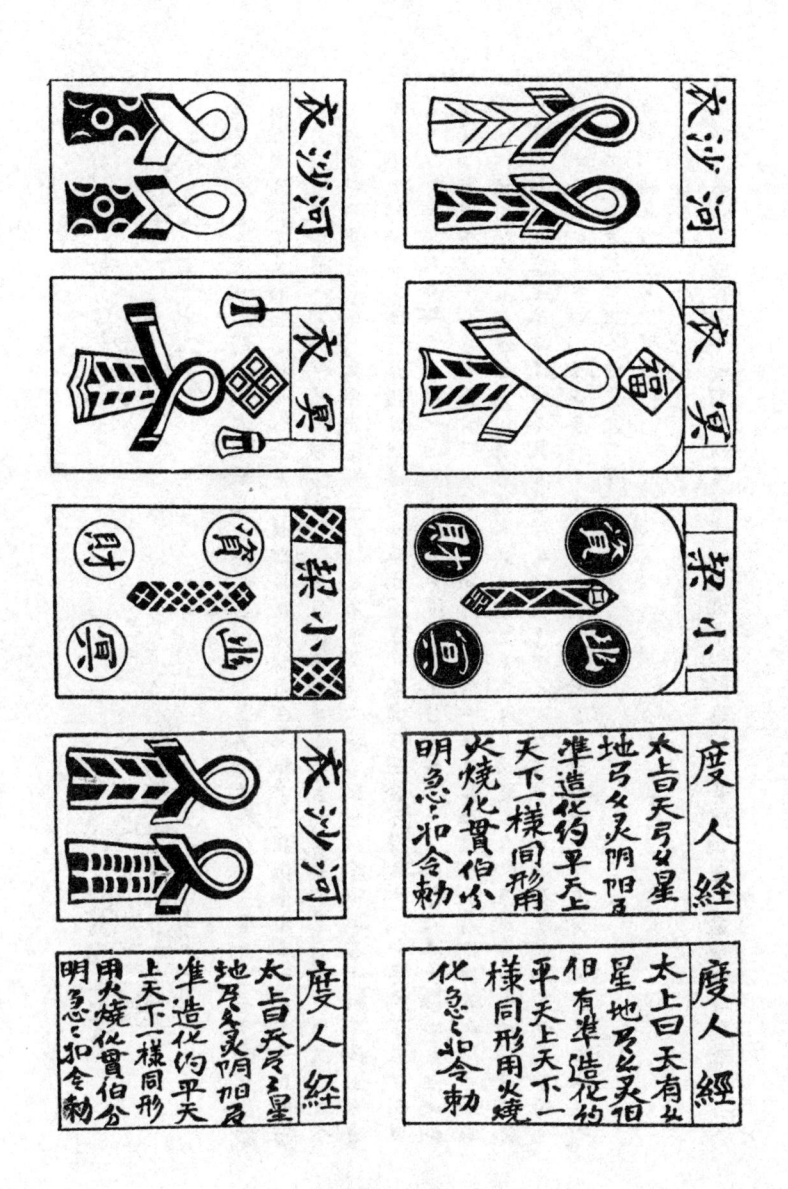

承凶之葬[1]

四月炎天至九秋，人间亡化莫停留。
便当三日承凶葬，尸坏防他孝不周。

---

[1] 无吉日，求吉时可也。

佛說大藏正教血盆尊經

爾時目連尊者昔日往到羽州追陽縣見一血盆池地獄闊八萬四千由旬池中有一百二十件事鐵染鐵柱鐵伽鐵索見南閻浮堤女人許多披頭散髮長枷扭手在地獄中受罪獄辛鬼王一日三度將血勒教罪人吃此時罪人不并伏吃逼被獄主將鐵棒打作叫聲目連悲哀問獄主不見南閻浮堤丈夫之人受此苦報只見許多女人受其苦痛獄主答師言不干丈夫之事只是女人產下血露污觸地神若污穢農衣裳將去溪河先灘水流漫誤諸善男女取水煎茶供養諸聖致令不淨天水大將軍刻下名字附在善惡簿中候百年命終之後受此苦報目連悲哀問獄主何報答產生阿娘之恩出離血盆地獄主答師言惟有小心孝順男女敬重三寶更為阿娘持齋二年仍結血盆勝會請僧轉誦此經一藏滿日懺長便有船苦虹戴過奈河江岸看見血盆池中有五色蓮花出現罪人心生歡喜悅使得超生佛地諸大菩薩及目連者啟苦奉觀音閻浮堤及信善男女顯修覺取大辦前程莫教跌落遭刻難得佛說女人血盆經若有信心書寫受持令伊二世母親盡得升天受諸歡樂衣食自然長命富貴并有天龍八部大助目連得之敬喜信受奉行祭祀而去

閻羅真言

南謨閻羅根那哆靈廣淨佉囉佉囉倶住倶住麼囉麼囉閻羅吒貪背穌州聖神潑妹擎婆婆囜

佛說大藏正教血盆尊經

百日内不合葬

葬夫未满百日后，岂敢开墓又葬妻。
合葬须待百日外，各穴单葬不忌之。

靈寶淨明解貽產傷真符

【符略】

右符告下
十方三界應管五道四生十類孤幽滯魄
罪業寅司去處解釋一切貽產傷遭永
符命咸與赦原伏願速孚形神朕離貽養
永消瞋聖之度各遂逍遙之樂出離苦趣
來享玄功一如告命風火驛傳

皇上　　年　月　　日言時告下

　　奉行援度事臣　　承

聖師東宮慈父太乙救苦天尊

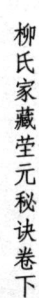

一年内忌再迁[①]

吉凶二葬俱已终，不可迁移再树封。

未及一年如犯者，家门必主有重丧。

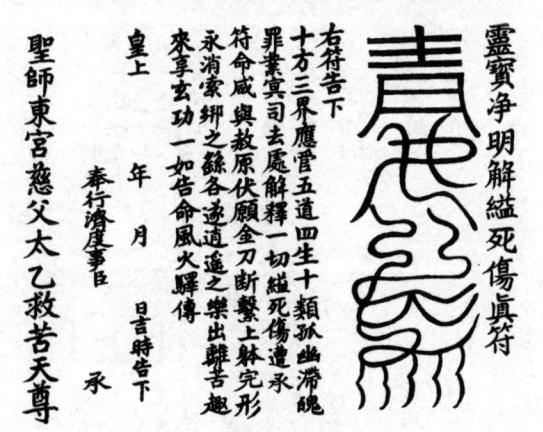

靈寶淨明解縊死傷真符

【符略】

右符告下
十方三界應管五道四生十類孤幽滯魄
罪業寅司去處解釋一切縊死傷遭永
符命咸與赦原伏願金刀斷繫上躰完形
永消索綁之餘各遂逍遙之樂出離苦趣
來享玄功一如告命風火驛傳

皇上　　年　月　　日言時告下

　　奉行濟度事臣　　承

聖師東宮慈父太乙救苦天尊

立新地忌日

杀主人及长子，旧葬不忌。

安坟守墓神，宫羽不宜申。角亥商音巳，长生徵在寅。

---

① 新立坐墓再迁，主重丧。

靈寶淨明解殺死傷眞符

右符告下
十方三界應管五道四生十類孤幽滯魄
罪業冥司去廢解釋一切殺死傷遭永
符命咸與赦原伏願金刀斷利宝劍摧餘
永無殘害之餘各遂逍遙之樂出離苦趣
來享玄功一如告命風火驛傳

皇上　年　月　日吉時告下

奉行濟度事臣　永

聖師東宮慈父太乙救苦天尊

葬日避忌

承凶不忌。

葬欑诸禁忌，重复太阳生，建除平收日，巳亥戌辰名。

斩草宜被克，安葬要相生，当详土府禁，协谋甚分明。

靈寶淨明解邪妖傷眞符

右符告下
十方三界應管五道四生十類孤幽滯魄
罪業冥司去廢解釋一切邪妖傷遭永
符命咸與赦原伏願返邪皈正慕道求真
永除魅害之災各遂逍遙之樂出離苦趣
來享玄功一如告命風火驛傳

皇上　年　月　日吉時告下

奉行拔度事臣　永

聖師東宮慈父太乙救苦天尊

掘见古冢

凡葬修茔掘见骸，更迁别所理无灾。

却将旧穴且安新。自是家门福庆无。

葬者见骨体请埋他处，下深五尺，葬之无碍。岂不闻一人立地下有九尸，自古无不败之国，无不破之墓，皆由天数也。

靈寶淨明解塚訟傷真符

右符告下
十方三界應官五道四生十類孤幽滯魄
罪業冥司去處解釋一切塚訟傷遭承
符命咸與赦原伏願不牽口舌飯依正路
永免磨唆之苦各遂逍遙之樂出離苦趣
來享玄功一如告命風火驛傳

皇上　　年　月　　日吉時告下
　　　奉行濟度事臣　　承

聖師東宮慈父太乙救苦天尊

祭主避忌

男寅女用申，常加本命神。阳年加大吉，阴年小吉真。不遇魁罡杀，堪宜作主人。

如祭主犯魁罡，不宜主丧，其次子代之。若不得已，临时少避亦可。考年月日时中，遇德神化解，亦不为害也。

子、午：子午天罡，卯酉河魁。卯酉天罡，子午河魁。

寅、申：丑未天罡，辰戌河魁。辰戌天罡，丑未河魁。

辰、戌：寅申天罡，巳亥河魁。巳亥天罡，寅申河魁。

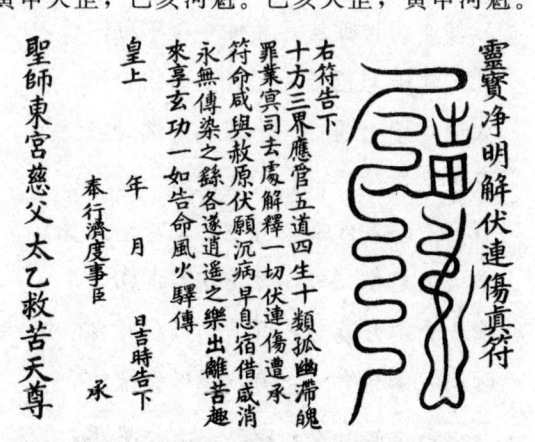

靈寶淨明解伏連傷真符

右符告下
十方三界應官五道四生十類孤幽滯魄
罪業冥司去處解釋一切伏連傷遭承
符命咸與赦原伏願沉病早息宿借咸消
永無傳染之餘各遂逍遙之樂出離苦趣
來享玄功一如告命風火驛傳

皇上　　年　月　　日吉時告下
　　　奉行濟度事臣　　承

聖師東宮慈父太乙救苦天尊

亡人化道

子午佛道丑未鬼，寅申人道卯酉畜。
辰戌修罗巳亥仙，日支化道不虚传。

靈寶淨明解溺水傷真符

右符告下
十方三界應管五道四生十類孤幽滯魄
罪業冥司去處解釋一切溺水傷遭承
符命咸與救原伏願斷離慾海沉溝陷河
永消波濤之寃各遂逍遙之樂出離苦趣
來享玄功一如告命風火驛傳

皇上　　年　月　　日吉時告下
　　　奉行投度事臣　　　承

聖師東宫慈父太乙救苦天尊

选葬金镜赋

凡论葬者有吉凶，茔元书内说分明。
天子七月诸侯五，大夫三月士庶同。
百日承凶无禁忌，经年暴露有灾刑。
以外便为吉葬法，孟仲季年不可同。
此名建破魁罡月，用者三房伤弟兄。
大通年用小通月，小通年月选大通。
蒿里黄泉沐浴吉，天覆地载主安宁。
五音二墓发凶祸，五龙胎忌克阴凶。
龙虎入圹伤父母，龙符伤畜虎伤人。
大小受杀开墓忌，开故纳新忌呼龙。
呼杀龙杀合葬忌，有职承凶开故凶。
开墓天牛忌守冢，改葬坟茔忌墓龙。
宜胜坟忌方道杀，田茔卜穴忌崩腾。

凡入祖茔不论禁，创立新茔气路通。
姓音主祭山向利，命运魁罡不可逢。
日辰年命相生吉，岁月刑杀临命凶。
男女元辰皆大吉，主人避忌怕相冲。
单支不能成其咎，若还有德可消凶。
吉多凶少宜当用，凶多吉少不堪凭。
且论开山立向法。大凡迁造及安坟。
先看山家墓运变。山家运气有真经。
运变金木水火土，山分东西南北宫。
山克年月日时吉，年月日时克山凶。
山头无杀多吉庆，山向有杀必定凶。
切忌坐杀并向杀，不宜阴府浮天空。
最怕年天官符吉，女忌罗天大退星。
四利向中若有杀，乾坤艮巽逐年通。
相生发福相克祸，祸福吉凶看进神。
六壬年月通天窍，三奇禄马贵人星。
山头向首吉星照，选择宜推鸣吠辰。
斩草破土宜被克，五音安葬要相生。
再论攒葬诸避忌，又看安坟守墓神。
择日值专并显曲，葬日周堂忌子孙。
当忌太岁押本命，不在本山祸稍轻。
或然年内无良日，便当择取岁宫承。
清明安葬修改吉，除夜婚姻嫁娶通。
太岁出游修造吉，诸神朝天可并工。
修茔宜取功传土，师立当寻华盖中。
立向辨方子午正，作穴依法年月通。
好年不如好月日，好日不如好地形。
好地如木之根本，根旺身肥枝叶荣。
生居宅舍人为贵，死葬坟茔显地灵。
地似巨舟能载物，形如利楫运舟行。

阴生风水之吉利，祭住年月之良能。

葬得吉年善月日，生安亡稳子孙兴。

葬祀凶年恶月日，人亡家败弃尸同。

须知葬者乘生气，五气行乎在地中。

此见茔元金镜说，术人选择细推通。

靈寶淨明解獄死傷真符

右符告下十方三界應管五道四生十類孤幽滯魄罪業冥司去處解釋一切獄死傷遭承符命咸與赦原伏願早答風息挫扞塵消永無拘繫之纏各遂逍遙之樂出離苦趣來享玄功一如告命風火驛傳

皇上　年　月　日吉時告下

奉行投度事臣　永

聖師東宮慈父太乙救苦天尊

修坟取土①

若要清明去上坟，丑加月建顺排轮。

寅申天月二德土，到处取土不须论。

又云：坟取一百二十步，不忌神杀，取土大利。

靈寶淨明解冤債傷真符

右符告下十方三界應管五道四生十類孤幽滯魄罪業冥對去處解釋一切冤債傷遭承符命咸與赦原伏願冤雙錄永釋業債雪消永無執對之憂各遂逍遙之樂出離苦趣來享玄功一如告命風火驛傳

皇上　年　月　日吉時告下

奉行濟度事臣　永

聖師東宮慈父太乙救苦天尊

---

① 春秋二季掘土太深，损伤地脉，慎之。

选葬年月日五姓傍通（横推）

	宫音	商音	角音	徵音	羽音	
大墓	戊辰	辛丑	乙未	丙戌	壬辰	（此年不可葬，主凶；行年至此亦凶。）
小墓	戊戌	辛未	乙丑	丙辰	壬戌	（此年不可葬，主凶。）
大通	子午	卯酉	卯酉	午子	子午	（此年合"蒿里、黄泉"，大吉。）
小通	申寅	巳亥	亥巳	寅申	申寅	（此年合"光明"、"沐浴"，小吉。）
次吉	卯酉	子午	午子	卯酉	酉卯	（此年合"重神"、"入墓"，次利。）
天覆	巳午	寅戌	亥子	寅卯	申酉	（此年葬，亡者安宁。）
地载	申酉	亥子	巳午	丑未	寅卯	（此年葬，亡者安宁。）

	宫音	商音	角音	徵音	羽音	
大墓受杀	乙丑	甲午	丙申	丁亥	乙酉	
	己巳	戊戌	庚子	辛卯	己丑	（此年不开夫墓，若别
	癸酉	壬寅	甲辰	乙未	癸巳	卜穴凶葬，不忌。）
小墓受杀	乙未	甲子	丙寅	乙丑	乙卯	
	己亥	戊辰	庚午	丁巳	己未	（此年不开妇墓，若
	癸卯	壬申	甲戌	辛酉	癸亥	别卜穴凶葬，不忌。）
五龙胎忌	乙亥	丙寅	辛巳	壬申	戊辰	
	乙卯	丙戌	辛丑	壬辰	戊戌	
	乙未	丙午	辛酉	壬子	己未	（此年支干被克，葬凶。）
龙入圹	申	巳	亥	寅	申	（此人亡人有父凶，若无祖父，葬不忌。）
虎入圹	寅	亥	巳	申	寅	（此年亡人有母凶，若无祖母，葬不忌。）

	宫音	商音	角音	徵音	羽音	
大墓	三月	十二月	六月	九月	三月	（此月不可葬，主凶。）
小墓	九月	六月	十二月	三月	九月	（此月不可葬，主凶。）

	宫音	商音	角音	徵音	羽音
大通	五十一月	二八月	二八月	五十一月	五十一月

（此月合"蒿里"、"黄泉"，大吉。）

| 小通 | 正七月 | 四十月 | 四十月 | 正七月 | 正七月 |

（此月合"光明"、"沐浴"，小吉。）

| 次吉 | 二八月 | 五十一月 | 五十一月 | 二八月 | 二八月 |

（此月合"重神"、"入墓"，次利。）

| 天覆 | 四五月 | 三九月 | 十一一月 | 正二月 | 七八月 |

（此月葬，亡者安宁。）

| 地载 | 七八月 | 十一一月 | 四五月 | 六十二月 | 正二月 |

（此月葬，亡者安宁。）

	宫音	商音	角音	徵音	羽音	
大墓受杀	四月	正月	三月	二月	四月	
	八月	五月	七月	六月	八月	（此月不开夫墓，若
	十二月	九月	十一月	十月	十二月	别卜穴葬，不忌。）
小墓受杀	二月	三月	正月	四月	二月	
	六月	七月	五月	八月	六月	（此月不开妇墓，若
	十月	十一月	九月	十二月	十月	别卜穴凶葬，不忌。）
龙人圹	七月	四月	十月	正月	七月	（此月亡人有父凶，若
						无祖父，葬不忌。）
虎入圹	正月	十月	四月	七月	正月	（此月亡人有母凶，若
						无祖母，葬不忌。）
五龙胎记	二月	正月	四月	三月	三月	
	六月	五月	八月	七月	九月	（此月支干被克，凶。）
	十月	九月	十二月	十一月	十二月	
	六月					
呼龙杀	二月	正月	三月	二月	三月	
	三月	六月	五月	六月	二月	
	六月	九月	八月	八月	四月	
				十一月	十一月	

(此月支于被克，凶。)

(一、此月开旧墓，合葬者，忌此杀。二、此月若是启攒 迁坟，取出骨骸，移于他处，创置坟园，新造冢墓者合葬，无忌，即不用此法。三、有官职者忌之，平民不忌。)

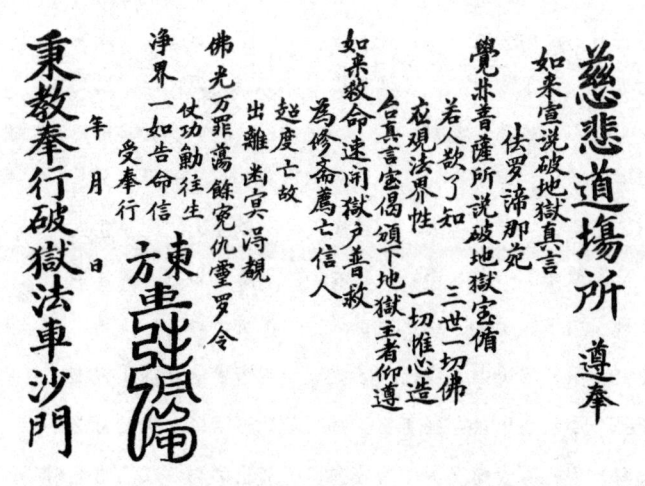

慈悲道場所 遵奉

如来宣说破地狱真言
佉罗谛耶苑
觉来菩萨所说破地狱宝偈
若人欲了知
应观法界性
如来敕命速闻狱户敕
台真言密偈领下地狱主者仰遵
为修斋荐亡信人
三世一切佛
一切唯心造

起度亡故
出離幽冥得觀
佛光万罪蕩餘寃仇靈罗令
仗功勤往生
淨界一如告命信
受奉行
年月日

秉教奉行破獄法車沙門 方車弘偏

葬日周堂

父男孙大月初一从父向男顺行，小月初一从母向女逆行。一日一位，周而复始。

其法无论月分大小，不论节气。大月初一，起父顺行。小月初一，起母逆行。若值客、亡，人吉。如妨父母男妇婿孙者，临时暂避。

葬日周堂图

斩草被克日

宫	商	角	徵	羽
甲乙 甲为官 乙为鬼	丙丁 丙为官 丁为鬼	庚辛 庚为官 辛为鬼	壬癸 壬为官 癸为鬼	戊己 戊为官 己为鬼
丙丁 葬父害母 葬母害父	戊己 葬父害母 葬母害父	壬癸 葬父害母 葬母害父	甲乙 葬父害母 葬母害父	庚辛 葬父害母 葬母害父
害妻财 害子孙	庚辛 杀主人 及兄弟	甲乙 杀主人 及兄弟	丙丁 杀主人 及兄弟	壬癸 杀主人 及兄弟	戊己 杀主人 及兄弟
壬癸害子孙	丙丁害子孙	戊己害子孙	甲乙害子孙	
壬癸害妻财	甲乙害妻财	戊己害妻财	庚辛害妻财	丙丁害妻才
庚辛害子孙	甲乙害子孙	丙丁害子孙	壬癸害子孙	戊己害子孙
庚辛害妻财	甲乙害妻财	丙丁害妻财	壬癸害妻财	戊己害妻财

凡论鸣吠对日，理宜斩草破地，亦可降之，宜用木音破克日为美。若遇本音，葬父害母，杀主人，害子孙及妻财，日不可用。本音被克于官鬼也，斩鬼以去殃咎。官爵在身，不可斩官，斩鬼则吉，庶人通用。

呼龙杀

（合葬忌，诸侯卿大夫忌之，庶民不论）

徵鼠金鸡排大对，猴牛玉兔列羊群。

角逢龙马并羊位，犬子耕年八月屯。

宫羽金鸡愁四月，羊逢玉兔怕三春。

商寅六七狗吃腊，如逢此月亡家长。

有职承凶开故凶，若遇呼龙死满门。

更不移改于别处，生铁五斤墓中存。

慈悲道场所 遵奉

如来宣说破地狱真言

佉罗谛耶苑

觉非菩萨所说破地狱宝偈

若人欲了知

应观法界性

三世一切佛

一切惟心造

台真言宝偈颂下地狱者仰遵

如来敕命速闻狱户普救

为修斋荐亡信人

超度亡故

出离幽冥得觐

净界一如告往生

佛光万罪荡除冤仇尽罗令

仗功勤往生

受奉行

年 月 日

秉教奉行破狱法车沙门

方

扫地空亡

辰巳子亡人，忌午未日。

申酉丑亡人，忌酉戌日。

寅卯午亡人，忌子丑日。

亥戌未亡人，忌卯辰日。

率領通家孝眷人等是日飯命

信士　　　　　人等　月　日

諸萬西方教主阿彌陀佛
南無幽冥教主地藏能仁
翼府十殿大慈王官　太佈
靈光証盟丹懇具申情欸投詞伏為壇申諷經超度正度
當資在日陽年　岁原命生於　年月日
時受生人道　故於　年月日　時分故辭世
魂返仙鄉不覺光陰易逝日月遷流人間屆逢
之期痛想形容敬神超度仰王
佛力指引生方
取今月日修建冥程往生　玉花佛事于內功德
佛祖之洪恩次荅
冥王之厚德仍迴善利均賴平安將此功德投人
阿彌陀佛如來慈光接引　正度當資故
永此良因早晨　　　　　道界　伏願
花開蓮現見木性之彌陀
花落蓮成了性心之淨土
詮疏
右于
　年月

冷地空亡

甲己亡人，忌子午日。

乙庚亡人，忌寅申日。

丙辛亡人，忌卯酉日。

丁壬亡人，忌丑未日。

戊癸亡人，忌辰戌日。

六十年中冷地空亡忌日时。

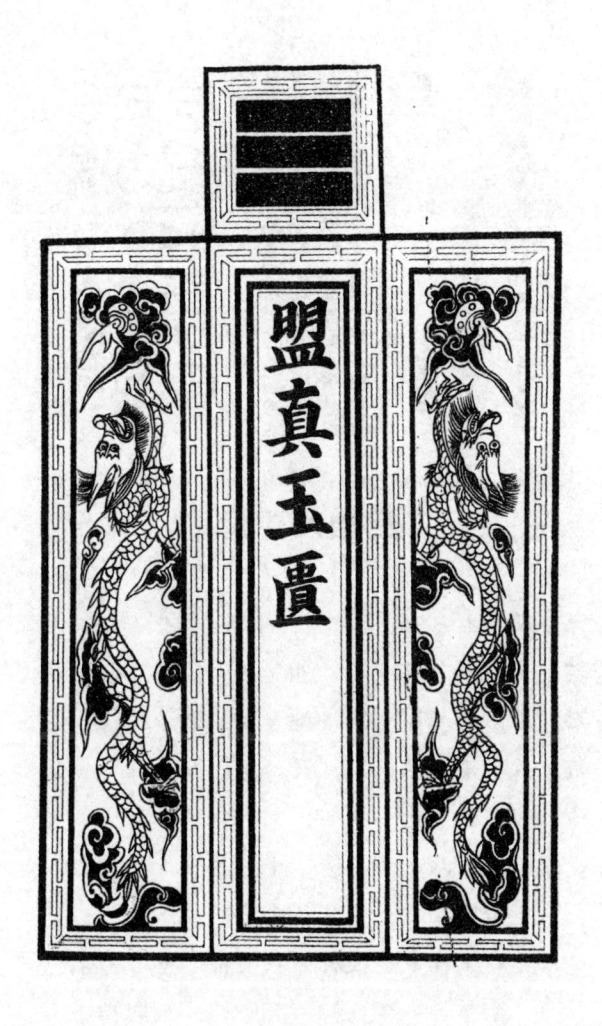

入地空亡

甲己堪堪马入栏，庚午日。
乙庚龙位便山川，庚辰日。
丙辛虎出黄峦外，庚寅日。
丁壬犬子路旁边，庚戌日。
戊癸猿猴须大忌，庚申日。
亡人入地不能安。

靈寶凈明解藥死傷真符

右符告下
十方三界應管五道四生十類孤幽滯魄
罪葉冥司去廅解釋一切藥死傷遭承
符命咸與救原伏願天醫奉覲扁濟施功
永無痛楚之辜各遂逍遙進之樂出離苦趣
來享玄功一如告命風火驛傳
皇上
　　年　月　　日言時告下
　　　奉行拔度事臣　　　承
聖師東宮慈父太乙救苦天尊

启攒改葬日

正	二	三	四	五	六	七	八	九	十	十一	十二
在	冢	动	子	冢	在	冢	卯	冢	去	亥	冢
冢	酉	冢	地	心	冢	侧	地	中	冢	地	酉
杀	开	贫	人	杀	杀	杀	大	开	开	开	开
长	吉	穷	吉	长	七	人	人	吉	凶	吉	吉

墓龙在冢，二、四、八、十月吉，十一月、十二月次吉。

改墓宿杀：　　　木墓　　火墓　　金墓　　水墓

　　　　　　春未神　夏戌神　秋丑神　冬辰神

　　　　　　南午神　西酉神　北子神　东卯神

慈悲道場所　導奉
如來宣說破地獄真言
佚羅諦那苑
覺㕹普薩所說破地獄寶偈
若人欲了知
應觀法界性
三世一切佛
一切惟心造
如來說命速開獄戶普救
合真言寶偈頌下地獄主者仰遵
為修齋薦亡信人
超度亡故
出離幽冥得覲
佛光萬罪蕩除寃仇靈罗令
伏功勳往生
淨界一如告命信
　　受奉行
　　年月　日
秉教奉行破獄法車沙門

天牛不守冢日

庚子、辛未、壬申、癸酉、戊寅、己卯、壬午、癸未
甲申、乙酉、甲午、乙未、丙申、丁酉、壬寅、癸卯
丙午、丁未、戊申、己酉、庚申、辛酉。

开欑大吉。

秘诀曰：如不暇择日，天牛古冢师人，手使牛鞭绕墓三匝，念咒语三遍，向门外赴去，其神自退，方敢祭祀，开穴大吉。

咒曰：天牛古墓中，神鞭往外攻，子孙兴万代，富贵出三公，吾奉玉帝敕旨。急急如律令。

祭主本命忌[①]

甲子冲甲午庚午日	乙丑冲乙未辛未
丙寅冲丙申壬申	丁卯冲丁酉癸酉
戊辰冲戊戌	己巳冲己亥
庚午冲庚子甲子	辛未冲辛丑乙丑
壬申冲壬寅丙寅	癸酉冲癸卯丁卯
甲戌冲甲辰庚辰	乙亥冲乙巳辛巳
丙子冲丙午壬午	丁丑冲丁未癸未
戊寅冲戊申	己卯冲己酉
庚辰冲庚戌甲戌	辛巳冲辛亥乙亥
壬午冲壬子丙子	癸未冲丁丑癸丑
甲申冲甲寅庚寅	乙酉冲乙卯辛卯
丙戌冲丙辰壬辰	丁亥冲壬巳癸巳
戊子冲戊午	己丑冲乙未
庚寅冲庚申甲申	辛卯冲辛酉乙酉

———
① 年月日时正冲及同旬冲。

壬辰冲壬戌丙戌　　　癸巳冲癸亥丁亥
甲午冲甲子庚子　　　乙未冲乙丑辛丑
丙申冲丙寅壬寅　　　丁酉冲丁卯癸卯
戊戌冲戊辰　　　　　己亥冲己巳
庚子冲庚午甲午　　　辛丑冲辛未乙未
壬寅冲壬申丙申　　　癸卯冲癸酉丁酉
甲辰冲甲戌庚戌　　　乙巳冲乙亥辛亥
丙午冲丙子壬子　　　丁未冲丁丑癸丑
戊申冲戊寅　　　　　己酉冲己卯
庚戌冲庚辰甲辰　　　辛亥冲辛巳乙巳
壬子冲壬午丙午　　　癸丑冲癸未丁未
甲寅冲甲申庚申　　　乙卯冲乙酉辛酉
丙辰冲丙戌壬戌　　　丁巳冲丁亥癸亥
戊午冲戊子　　　　　己未冲己丑
庚申冲庚寅甲寅　　　辛酉冲辛卯己卯
壬戌冲壬辰丙辰　　　癸亥冲癸巳丁巳

本命对冲反同旬冲，凡单支冲不碍。

六十花甲子

太岁押祭主本命，不宜主祭，后附解年克。

二十四家山不宜开山向

甲子	押	癸酉	壬午	辛未	庚子	己酉	戊午
	克	甲寅辰巽戌坎辛甲丑癸坤庚未山					
乙丑	押	甲戌	癸未	壬辰	辛丑	庚戌	己未
	克	艮震巳山					
丙寅	押	乙亥	甲申	癸巳	壬寅	辛亥	庚申
	克	艮震巳山					

丁卯	押	丙子	乙酉	甲午	癸卯	辛酉	
	克	离壬丙乙山					
戊辰	押	丁丑	丙戌	乙未	甲辰	癸丑	壬戌
	克	甲寅辰巽戌坎辛申丑癸坤未庚山					
己巳	押	戊寅	丁亥	丙申	乙巳	甲寅	癸亥
	克	震艮巳山					
庚午	押	己卯	戊子	丁酉	丙午	乙卯	甲子
	克	乾亥兑丁山					
辛未	押	庚辰	己丑	戊戌	丁未	丙辰	乙丑
	克	甲寅辰巽戌坎辛申丑癸坤庚未山					
壬申	押	辛巳	庚寅	己亥	戊申	丁巳	丙寅
	克	冬至后克乾亥兑丁山					
癸酉	押	壬午	辛卯	庚子	己酉	戊午	丁卯
	克	乾亥兑丁山					
甲戌	押	癸未	壬辰	辛丑	庚戌	己未	戊辰
	克	乾亥兑丁山					
乙亥	押	甲申	癸巳	壬寅	辛亥	庚申	己巳
	克	甲寅辰与戌坎辛申丑癸坤庚未山					
丙子	押	乙酉	甲午	癸卯	壬子	辛酉	庚午
	克	乾亥兑丁山					
丁丑	押	丙戌	乙未	甲辰	癸丑	壬戌	辛未
	克	甲寅辰巽戌坎申辛丑癸坤庚未山					
戊寅	押	丁亥	丙申	乙巳	甲寅	癸亥	壬申
	克	离未丙乙山					
己卯	押	戊子	丁酉	丙午	乙卯	甲子	癸酉
	克	冬至后克乾亥兑丁山					
庚辰	押	己丑	戊戌	丁未	丙辰	乙丑	甲戌
	克	艮震巳山					
辛巳	押	庚寅	己亥	戊申	丁巳	丙寅	乙亥
	克	离壬丙乙山					

壬午	押	辛卯	庚子	己酉	戊午	丁卯	丙子
	克	乾亥兑丁山					
癸未	押	壬辰	辛丑	庚戌	己未	戊辰	丁丑
	克	甲寅辰巽戌坎辛申丑癸坤庚未山					
甲申	押	癸巳	壬寅	辛亥	庚申	己巳	戊寅
	克	离壬丙乙山					
乙酉	押	甲午	癸卯	壬子	辛酉	庚午	己卯
	克	冬至后克乾亥兑丁山					
丙戌	押	乙未	甲辰	癸丑	壬戌	辛未	庚辰
	克	甲寅辰巽戌坎辛申丑癸坤庚未山					
丁亥	押	丙申	乙丑	甲寅	癸亥	壬申	辛巳
	克	艮震巳山					
戊子	押	丁酉	丙午	乙卯	甲子	癸酉	壬午
	克	冬至后克乾亥兑丁山					
己丑	押	戊戌	丁未	丙辰	乙丑	甲戌	癸未
	克	乾亥兑丁山					
庚寅	押	己亥	戊申	丁巳	丙寅	乙亥	甲申
	克	冬至后克乾亥兑丁山					
辛卯	押	庚子	己酉	戊午	丁卯	丙子	乙酉
	克	冬至后克乾亥兑丁山					
壬辰	押	辛丑	庚戌	己未	戊辰	丁丑	丙戌
	克	甲寅辰巽戌坎辛申丑癸坤庚未山					
癸巳	押	壬寅	辛亥	庚申	己巳	戊寅	丁亥
	克	离壬丙乙山					
甲午	押	癸卯	壬子	辛酉	庚午	己卯	戊子
	克	乾亥兑丁山					
乙未	押	甲辰	癸丑	壬戌	辛未	庚辰	己丑
	克	震艮巳山					
丙申	押	乙巳	甲寅	癸亥	壬申	辛巳	庚寅
	克	震艮巳山					

丁酉	押	丙午	乙卯	甲子	癸酉	壬午	辛卯
	克	离壬丙乙山					
戊戌	押	丁未	丙辰	乙丑	甲戌	癸未	壬辰
	克	甲寅辰巽戌坎辛申丑癸坤庚未山					
己亥	押	戊申	丁巳	丙寅	乙亥	甲申	癸巳
	克	震艮巳山					
庚子	押	己酉	戊午	丁卯	丙子	乙酉	甲午
	克	乾亥兑丁山					
辛丑	押	庚戌	己未	甲辰	丁丑	丙戌	乙未
	克	艮震巳山					
壬寅	押	辛亥	庚申	己巳	戊寅	丁亥	丙申
	克	冬至后克乾亥兑丁山					
癸卯	押	壬子	辛酉	庚午	己卯	戊子	丁酉
	克	乾亥兑丁山					
甲辰	押	癸丑	壬戌	辛未	庚辰	辛丑	戊戌
	克	乾亥兑丁山					
乙巳	押	甲寅	癸亥	壬申	辛巳	庚寅	己亥
	克	甲寅辰巽戌坎辛申丑癸坤庚未山					
丙午	押	乙卯	甲子	癸酉	壬午	辛卯	庚子
	克	乾亥兑丁山					
丁未	押	丙辰	乙丑	甲戌	癸未	壬辰	辛丑
	克	甲寅辰巽戌坎辛申丑癸坤庚未山					
戊申	押	丁巳	丙寅	乙亥	甲申	癸巳	壬寅
	克	离壬丙乙山					
己酉	押	戊午	丁卯	丙子	乙酉	甲午	癸卯
	克	冬至后克乾亥兑丁山					
庚戌	押	己未	戊辰	丁丑	丙戌	乙未	甲辰
	克	艮震巳山					
辛亥	押	庚申	己巳	戊寅	丁亥	丙申	乙巳
	克	艮震巳山					

壬子	押	辛酉	庚午	己卯	戊子	丁酉	丙午
	克	乾亥兑丁山					
癸丑	押	壬戌	癸未	庚辰	己丑	戊戌	丁未
	克	甲寅辰巽戌坎辛申丑癸坤庚未山					
甲寅	押	癸亥	壬申	辛巳	庚申	己亥	戊申
	克	离壬丙乙山					
乙卯	押	甲子	癸酉	壬午	辛卯	庚子	己酉
	克	冬至后克乾亥兑丁山					
丙辰	押	乙丑	甲戌	癸未	壬辰	辛丑	庚戌
	克	甲寅辰巽戌坎辛申丑癸坤庚未山					
丁巳	押	丙寅	乙亥	甲申	癸巳	壬寅	辛亥
	克	震艮巳山					
戊午	押	丁卯	丙子	己酉	甲午	癸卯	壬子
	克	冬至后克乾亥兑丁山					
己未	押	戊辰	丁丑	丙戌	乙未	甲辰	癸丑
	克	乾亥兑丁山					
庚申	押	己巳	戊寅	丁亥	丙申	乙巳	甲寅
	克	离壬丙乙山					
辛酉	押	庚午	己卯	戊子	丁酉	丙午	乙卯
	克	冬至后克乾亥兑丁山					
壬戌	押	辛未	庚辰	己丑	戊戌	丁未	丙辰
	克	甲寅辰巽戌坎辛申丑癸坤庚未山					
癸亥	押	壬申	辛巳	庚寅	己亥	戊申	丁巳
	克	震艮巳山					

山家墓龙变运年月日时

假如壬山丙向、子山午向、癸山丁向、亥山巳向、辰戌丑未坤艮山向：

甲己年，七月、八月不用，甲子、乙丑、壬申、癸酉、庚辰、辛巳、甲午、乙未、壬寅、癸卯日时不用。

乙庚年，十一月、十二月不用，丙寅、丁卯、戊子、己丑、丙申、丁酉、甲辰、乙巳、戊午、己未日时不用。

丙辛年，十一月、十二月不用，庚午、辛未、戊寅、己卯、庚子、辛丑、戊申、己酉、丙辰、丁巳日时不用。

丁壬年，五月、六月不用，丙子、丁丑、壬辰、癸巳、丙午、丁未、甲寅、乙卯、甲申、乙酉日时不用。

戊癸年，七月、八月不用，戊辰、己巳、壬午、癸未、庚寅、辛卯、壬子、癸丑、庚申、辛酉日时不用。

又如巳山辛向、午山子向、丁山癸向：

甲己年，十一月、十二月不用，丙子、丁丑、壬辰、癸巳、丙午、丁未、甲寅、乙卯、甲申、乙酉日时不用。

乙庚年，五月、六月不用，戊辰、己巳、壬午、癸未、庚寅、辛卯、壬子、癸丑、庚申、辛酉日时不用。

丙辛年，五月、六月不用，甲子、乙丑、壬申、癸酉、庚辰、辛巳、甲午、乙未、壬寅、癸卯日时不用。

丁壬年，三月、四月不用，丙寅、丁卯、戊子、己丑、丙申、丁酉、甲辰、乙巳、戊午、己未日时不用。

戊癸年，三月、四月不用，庚午、辛未、戊寅、己卯、庚子、辛丑、戊寅、己酉、丙辰、丁巳日时不用。

又如甲山寅向、酉山卯向、戌山甲向、乾山巽向：

甲己年，正月、二月、九月不用，丙寅、丁卯、戊子、己丑、丙申、丁酉、甲辰、乙巳、戊午、己未日时不用。

乙庚年，正月、二月、九月不用，庚午、辛未、戊寅、己卯、庚子、辛丑、戊申、己酉、丙辰、丁巳日时不用。

丙辛年，三月、四月不用，丙子、丁丑、甲申、乙酉、壬辰、癸巳、丙午、丁未、甲寅、乙卯日时不用。

丁壬年，十一月、十二月不用，戊辰、己巳、壬午、癸未、庚寅、辛卯、壬子、癸丑、庚申、辛寅日时不用。

戊癸年，十一月、十二月不用，甲子、乙丑、壬申、癸酉、庚辰、辛巳、甲午、乙未、壬寅、癸卯日时不用。

又如寅山申向、卯山酉向、乙山辛向、巽山乾向、:

甲己年,三月、四月不用,戊辰、己巳、壬午、癸未、庚寅、辛卯、壬子、癸丑、庚申、辛酉日时不用。

乙庚年,三月、四月不用,甲子、乙丑、壬申、癸未、庚寅、辛卯、壬子、癸丑、庚申、辛酉日时不用。

丙辛年,七月、八月不用,丙寅、丁卯、戊子、己丑、丙申、丁酉、甲辰、乙巳、戊午、己未日时不用。

丁壬年,七月、八月不用,庚午、辛未、戊寅、己卯、庚子、辛丑、戊申、己酉、丙辰、丁巳日时不用。

戊癸年,正月、二月、九月不用,丙子、丁丑、甲申、乙酉、壬辰、癸巳、丙午、丁未、甲寅、乙卯日时不用。

凡太岁押本命,只论长子、长孙命不押,葬之大吉。如不得已,以次子代之。若只一子,难以回避,慎之慎之!

山家墓运[①]

年克山家家长死,月克山家家母亡;
日克山家妨新妇,时克山家杀子孙。

斩草破土日

忌重复密日,建、破、平、收、土王用事。

甲子、乙丑、丁卯、戊辰、己巳、庚午、壬申、癸酉、己卯、壬午、甲申、丙戌、丁亥、辛卯、壬辰、乙未、丙申、丁酉、乙卯,俱合鸣吠。

[①] 如年克山家,无家长不忌。余仿此。

五音安葬吉日

十合大吉。启攒天牛守冢。

壬申、壬辰、壬寅、壬午、壬子、壬戌、癸巳、癸酉、癸丑、甲申、甲辰、甲寅、乙巳、乙酉、乙丑、丙辰、丙申、丙寅、丁巳、丁酉、丁丑、乙卯、丙午、己巳、已酉、己丑、庚申、庚辰、庚寅、辛酉、辛巳、辛丑、己丑、庚午、戊寅。以上选定三十五日，皆合鸣吠封、上下不呼、大明、地虎不食、五音大利。葬后生安亡稳，世代官禄荣昌，大吉。

启攒镇物

凡人家旧茔冢多，气脉衰残，要将祖父尸骨起迁更葬。须把旧穴以镇填平，血脉在下，封冢如新，照常祭祀。柳氏曰："不脱风水之气脉，谨此言情至妙至重。多信邪说，慎之慎之。"宜用柏木板六斤，长九寸，宽一寸四分，殊书神符以方安镇。子孙绵远，大吉大利。

仙师敕令

仙师敕令

天元龙星镇东方九气
天帝龙星镇西方七气
天昊龙星镇南方三气
天恶龙星镇北方五气
天世龙星镇定穴气
天阙龙星镇定墓门

亡人大吉

棺墓镇物

莲花米、五谷、七种香七味、十二精十二味。

其为细末分作二分，一分棺内安，一分安旧穴，押凶恶神，生安亡稳，发福大利。

祭主见骨

白骨分龙经，阳命一二吉，五七九通利，阴命二三岁，七八九共十，时师用心计。解曰：六阳年生人一二者即一岁十一，二岁十二，余仿此。列年命不通，以次代之，不然觅人拾之，眼不见骨，即为大利。

合寿木

凡造寿器，各法不同，难以拘定。惟单岁闰月以生旺月日，造之无碍。忌本命对冲日。

起例：男从盖上起一十顺行，女从底上起一十逆行，一岁一位。遇左右厢吉，底、盖则凶。

孟、仲、季年相同起长生，遇绝月不用。

孟年不用孟月，忌长子。仲年不用仲月，忌仲子。季年不用季月，忌少子。

五音长生万年是。

	寅申巳亥孟年	子午卯酉仲年	辰戌丑未季年
宫音、羽音	生申四月绝	生酉五月绝	生未三月绝
商音	生巳正月绝	生午二月绝	生辰十二月绝
角音	生亥七月绝	生子八月绝	生戌六月绝
徵音	生寅十月绝	生卯十一月绝	生丑九月绝

论纳音

生旺	水土命	金命	木命	火命
有气	申酉戌	巳午未	亥子丑	寅卯辰
月日	亥子	申酉	寅卯	巳午

附：逐月合寿木吉日

正月：丁丑、戊寅、癸巳、辛酉、癸酉、乙酉。
二月：丁丑、癸巳、丁未、戊申、癸亥、戊寅、戊申。
三月：癸巳、丁未、戊寅、壬申、庚申。
四月：丁丑、壬辰、丁未、戊申、壬戌。
五月：戊寅、壬辰、丁未、戊申、壬戌、癸亥。
六月：戊寅、壬戌、癸亥。

七月：乙卯、壬戌、癸亥、壬辰。

八月：戊寅、癸巳、甲寅、壬戌、癸亥、壬辰。

九月：戊寅、壬辰、戊申、壬戌、癸亥。

十月：丁丑、戊寅、丙午、丁未。

十一月：戊寅、壬辰、戊申、壬戌。

十二月：戊寅、壬辰、癸巳。

以上各月吉日，不犯天瘟、受死、重丧、鲁班、刀砧杀等凶日。

附：逐月开作生坟吉日

正月：丁丑、戊寅、辛酉、癸巳。

二月：丁丑、丁未、戊申、戊寅、庚申、癸亥。

三月：癸巳、丁未、戊寅、外壬申、丙申、庚申、甲申。

四月：丁丑、壬戌、戊申、壬辰、外辛酉、丁酉、乙酉。

五月：戊寅、壬辰、丁未、壬戌、甲寅。

六月：戊寅、壬戌、癸亥、外壬申、甲申、丙申、庚申。

七月：癸亥、乙卯、外壬辰。

八月：戊寅、癸巳、甲寅、壬戌。

九月：丁丑、戊申、乙卯，外庚申、甲申、壬申、庚午、丙午。

十月：丙午、丁未、戊寅，外乙酉、丁酉、辛酉、癸酉、辛未、庚午、甲子。

十一月：壬辰、戊申、壬戌。

十二月：戊寅、壬辰、癸巳、丙午、丁巳、癸亥。

以上吉日，不犯天瘟、土瘟、土禁、重丧、受死、死气、月杀等日大忌。

附：逐月安葬吉日

正月：己酉、辛酉、癸酉、丙午、壬午、乙酉、丁酉、乙卯、辛卯、丁卯、癸卯。

二月：丙寅、甲寅、庚寅、壬寅、丁未、乙未、癸未、甲申、丙申、庚申、壬申、辛未。

三月：甲午、丙子、庚子、壬子、丙午、庚午、壬午、甲申、丙申、庚申、壬申、乙酉、丁酉、辛酉。

四月：乙丑、丁丑、己丑、癸丑、乙酉、丁酉、己酉、辛酉、癸酉、甲午、戊午、庚午。

五月：甲寅、戊寅、庚寅、壬寅、丙寅、丙申、庚申、壬申、甲申、乙丑。

六月：甲寅、庚寅、壬寅、辛卯、甲申、丙申、庚申、壬申、乙酉、丁酉、辛酉、癸酉、丙寅。

七月：丙子、壬子、壬辰、丙申、戊申、壬申、乙酉、丁酉、辛酉、己酉、癸酉。

八月：癸丑、戊寅、丙寅、庚寅、丙辰、壬辰、庚申、壬申、癸酉、丁酉、己酉。

九月：丙寅、庚寅、壬寅、丙午、庚午、壬午、甲寅、丙午、甲午、丁酉、己酉。

十月：丁卯、甲辰、甲午、戊午、庚午、乙未、丁未、己未、辛未、癸未、己卯、乙卯、辛卯。

十一月：丙寅、甲寅、戊寅、庚寅、壬寅、甲辰、壬辰、甲申、丙申、戊申、庚申、壬申。

十二月：甲寅、丙寅、庚寅、壬寅、甲申、丙申、庚申、壬申、庚午、壬午、丁酉、乙酉。

以上安葬吉日，内有犯小可神煞，先贤屡用无害，但要无山头符合者，吉。

附：治寿圹作灰隔法

治圹法：仅取木炭、石灰、沙土三物和匀，筑于棺之四旁及棺之盖上。圹内筑满，然后以石板封圹。

朱子曰：炭御树根，避水蚁，石灰得沙而实，得土而粘，得土而枯，岁久结而为金石，蝼蚁、盗贼皆不可进也。

朱子又曰：炭末七八十斤，既避湿气、免水患，又绝树根不入，树根遇炭皆生转去，以此见炭、灰之妙，盖灰是木之死物，无情，故树根不入也。

显、曲、专三星

正、四、七、十月
煞贡：丁卯、丙子、乙酉、甲午、癸卯、壬子、辛酉。
直星：戊辰、丁丑、丙戌、乙未、甲辰、癸丑、壬戌。
人专：辛未、庚辰、己丑、戊戌、丁未、丙午、壬辰。

二、五、八、十一月
煞贡：丙寅、乙亥、甲申、癸巳、壬寅、辛亥、庚申。
直星：丁卯、丙子、乙酉、甲午、癸卯、壬子、辛酉。
人专：庚午、己卯、戊子、丁酉、丙午、乙卯。

三、六、九、十二月
煞贡：乙丑、甲戌、癸未、壬辰、辛丑、庚戌、己未。
直星：丙寅、乙亥、甲申、癸巳、壬寅、辛亥、庚申。
人专：己巳、戊寅、丁亥、丙申、乙巳、甲寅、癸亥。

显，主星鸾驾星，名曰青龙天德符。符入宅，凡遇人造作、嫁娶、出行、移居、上官赴任、立券、安葬等事，不出三年内，有官者禄位高迁，无官者田宅增益，富贵兴旺，生贵子，大发财谷，父慈子孝，奴仆成行，所为多庆，百事无忌。

曲，紫微鸾驾星，名曰金柜符。符入宅，凡遇人造作起盖、赴任上官、开市交易、修造阴宅一切诸事，不出三年内有大吉庆之事。有官者必高迁。无官者，百事称心，牛马兴旺、资财致富。当年招横财，若遇金神七杀，壬午年必见凶事，遭天脱之罪。

专,天星鸾驾星,名曰太阴金堂符。符入宅,凡遇造作、嫁娶、移徙、上官、开户立券、安葬等事,二年内生贵子,三年内,有官者禄位高迁,无官者所为吉庆,大发财谷,得外人力,喜事自然而来。

金神七杀日

月干 日支	甲	乙	丙	丁	戊	己	庚	辛	壬	癸
	午未 申酉	辰巳	子丑 寅卯	寅卯 戌亥	申酉 子丑	午未	辰巳	子丑 寅卯	戌亥	申酉

借急择时

如欲急用事,不待择日,但得吉时,百事皆吉,百事无禁忌。

日支横看	子午	丑未	寅申	卯酉	辰戌	巳亥
福德	子	寅	辰	午	申	戌
宝光	丑	卯	巳	未	酉	亥
少微	卯	巳	未	酉	亥	丑
凤辇	午	申	戌	子	寅	辰
太乙	申	戌	子	寅	辰	午
贵人	酉	亥	丑	卯	巳	未

秘诀云:若人会得此法,知时吉凶者,大凡出车远行、商贾发船、嫁娶起造、移居进宅、开山立向、安坟定穴,所作诸事,但择吉时即不忌太岁、将军以下一百二十位诸般神煞,及祭主本命不通并凶年恶月日期一切凶神恶煞,皆不忌避。故曰:年利不如月利,月利不如日利,日利不如时利也。

单葬押圹

凡人家单葬妻丧,单葬夫丧,古有阳待阴、阴待阳之说,若不押镇,必主重丧。宜用新砖一个磨清做平,上书神符。左边写:身披北斗头戴三台。右边写:寿山永远配石朽人来。背书:长命富贵。葬后十年大吉。

玄女分金大葬

妄说寻龙易，不知点穴难。若然差一指，如隔万重山。差之毫厘，失之千里。

夫拨棺调向，首顶来山，足踏去水，吊得贪、巨、武、辅、弼之星，并玄女分金，分得脐、耳、鼻，大吉，腹半吉，必致子孙官禄荣昌，资财富贵，百事大吉。宜用新砖二个，殊书分金符牛局一个，定山首一个定向，足能避伏尸故气，葬后千年大吉。

秘诀：寻龙容易点穴难，全在拨棺调向间。俗师不明倒杖诀，安移棺木指东南。

愚师不晓分金大葬者，不用此术。

论小葬利方[①]

八连十一下,十三五中殇,十六并十二,如斯凶者亡。

阳人阳方去,阴人阴道方。甲丙庚壬位,乾长总为阳。

癸乙丁辛地,为阴坤巽乡,阴阳依准用,反此必然殃。

解曰:如子午年月,以建前起死天地兵人鬼,癸丁死道,艮坤天道,申庚地道,乙辛兵道,巽乾人道,丙壬鬼道。余仿此。例云:天地鬼道吉,人兵死道凶。秘诀曰:三百六十步外,不论利方,只用纸券二本代契合同,插立四门八标。祭祀后土,不然立顶头券亦可。墓内仍以六精等药镇之大吉。

维大清　年岁次　月　日　里人氏,祭主　人,今为　亲故　人之丧,未茔地,今在本音利方　字权厝,恐有干犯地祇,已备净钱若干,买到墓地若干。东至青龙,西至白虎,南至朱雀,北至玄武,四至分明。若有干犯亭长主守,永为吉兆。

知见　年直神,　月直神,　日直神,　时直神,故气伏尸永不侵争。券立二本,一本上后土地祇,一本给付亡人　公,执照备用合同,永远存照。　年　月　日,立券孝子　人。

改正大葬

凡葬男妇,单丧在于新地,皆得立券。阴人不掌券,俗师胡谈。如葬尊长,如人在世,如人置地,皆可置券,永无争竞,勿信邪说可也。

三父八母

凡嫡父、嫡母,继父、继母,养父、生母,嫡继庶生四母合葬,出恩养慈四母不得合葬。出母既别前夫,尸骨改嫁他人,为子者,不可收养入

---

① 一奇埋用之,有坟不论。

茔合葬，死在九泉之下，难见前夫之面也，亡魂不得安，与僧道尼之还俗同也。

破俗弃葬

圣贤设教，茔葬大事，安忍暴露。火焚身躯，若无茔，可以归于漏泽园中。如残病之人，可归正穴。惟僧道娼尼及外往之丧，别处埋之。如外人小口及仆人者死，大门出者无妨，勿信邪说。

不忍殇葬

凡男女，七岁为下殇，十岁为中殇，十三岁为上殇，埋在祖穴土山后首，头向祖，男左女右，宜可告祖。如三五岁下殇，埋之若无茔地，译见利方。

破堆金葬

遇师谩说会阴阳，自处堆金立墓堂。
不按仙经生狂语，只凭己见自称杨。
先亡往日单遮葬，上祖今朝总一房。
既是尊卑分大小，焉能老幼得同床。

凡人家重丧连绵不止者，宜用瓦锥一个，盛面五升，五谷五升，用松柏叶盖口上，用黄表殊书"平定"二字，一字向里，一字向外，丧未出时，先埋于外门坎下一尺二寸，仍用六精等药并五谷各房洒镇，追赶凶气，祭告天地神，家无大咎。

押镇神咒

天圆地方，律令九章，吾今下镇，诸殃皆退，万鬼潜藏，家宅平安，出入皆遂，人口永康，吾奉太上老君，急急如律令！

凡人家有瘫患、涝疾、疲疾、血腥死者，恐后有相传，以法根镇，永无后患。其法：取鬼门方向桑枝一条，长一尺三寸，丧未出时，放在大门限上，师人持咒以刀三斩，灵起时，停柩处，埋避殃砂、鬼见愁、鬼箭羽、雄黄安息下九寸，则吉。

斩桑咒

盖闻：天圆地方，律令九章，吾今斩除，除去百殃。一斩去天殃，天逢道路鬼，斩却诸魔鬼，永远离家乡。二斩去地殃，地户降吉祥，男邪女归王，斩灭自消亡。三斩去鬼殃，百怪远潜藏，断除诸恶事，家眷自安康。吾奉玉皇律令敕。

悬棺点主

先将棺柩抬放穴口上，而莫动，候师人赞祀曰题神主扛天下葬，棺未落地，祭官即便点主，其亡魂上升赴主，乃真神如在，尤似丁兰刻木为亲，其孝至矣！

附：悬棺点主口诀

点主口诀一：我今把笔对天庭，二十四山作圣灵，孔圣赐我文昌笔，万世由我能作成。点天天清，点地地灵，点人人长生，点主主有灵。主上添来一点红，代代儿孙状元郎。

点主口诀二：一点文房四宝透天庭，二点二十四山作圣灵，孔子遗下文章来，再点房房人间出公卿。

点主口诀三：丁兰刻木为母亲，万古流芳到如今，王字头上加一笔，儿孙代代出贤人。一笔擎起点上天，孝门家下子孙贤，王字头上加一点，世代荣华万万年。一笔擎起指东方，孝门人筹大吉昌，占得房内生贵子，富贵荣华福无疆。点天天定，点地地灵，点人人长寿，点主主英雄。

点主口诀四：指日高升，科甲连登。此笔非凡笔，乃是孔明传授心法之笔。点天天清，点地地灵，点人人长生，点主主兴能。主字添上一点红，代代子孙状元郎。朱笔坠地府，某某某亡者姓名三魂七魄归神主，孝男请起，哀哉。

点主口诀五：地师或道士，手执珠笔（或香），由孝长孙手背魂帛（神主），向外跪，丧家亲人向内跪。师呼：伏维天地开张，吉日良时点主大吉昌。我今举笔对天庭，二十四山作证明。孔圣赐我文章笔，万世由我能造成。点魂魂在，点魄魄来，点耳耳聪，点眼眼明，点鼻鼻通，点口口灵。

主上添来一点红。代代子孙状元郎。大富大贵，进。（将珠笔或香，抛上墓顶。）

请孝孙、亲族起立。

附：散五谷口诀

诀一：今将粮米镇四方，儿孙个个坐新堂。镇起粮田千万顷，镇起稻谷满千仓。一散东，儿孙个个在皇宫。二散西，儿孙个个穿朝衣。三散南，儿孙个个五子男。四散北，儿孙个个皇都客。五散中央戊己土，儿孙代代坐皇都。散高高，儿孙代代进登科。散得完，儿孙代代出状元。

诀二：一散东方甲乙木，荫佑儿孙发财禄。二散西方庚辛金，荫佑儿孙发黄金。三散南方丙丁火，荫佑儿孙发财宝。四散北方壬癸水，荫佑儿孙大富贵。五散中央戊己土，荫佑儿孙做国老。五谷五谷，带转人人发福碌。

决三：伏以天道为清，地道为宁，二十四山作证明，仙赐五谷种财丁。散山山兴旺，散水水朝堂。一散东方甲乙木，青龙将军来降福，而今亡人安葬后，代代子孙受天禄。二散西方庚辛金，白虎将军来降临，而今亡人安葬后，代代子孙斗量金。三散南方丙午丁，朱雀将军到离宫，而今亡人安葬后，代代儿孙出公卿。四散北方壬子癸，玄武将军居坎位。而今亡人安葬后，代代儿孙富贵随。五是中央戊己土，螣蛇将军位上坐，而今亡人安葬后，代代儿孙寿彭祖。五谷散落土，代代子孙认成祖，山明水秀听吾断：一要人丁千万口，二要财宝自丰盈，三要子孙螽斯盛，四要头角倍峥嵘，五要登科及第甲，六要牛马自成群，七要南北山府库，八要福寿好延长，九要家资石崇富，十要富贵永无穷。

诀四：地师用手捧起米斗，先呼"五谷捧起来，家子孙添丁大发财"，续呼："伏维天道为清，地道为宁，仙赐五谷子，养育人长生。一把五谷散出去，千灾万厄尽消除。散天天清，散地地宁，散山山兴旺，散水水朝堂，散人人长生"（在米斗内抓起五谷，向所念之处，轻轻洒出。以下亦每呼一句洒一次。）

"一散东方甲乙木，从今房房皆发福。二散西方庚辛金，代代子孙点翰林。三散南方丙丁火，官拜尚书到国老。四散此方壬癸水，金银财宝谷丰堆。五散中央戊已土，代代子孙寿命如彭祖"。（五谷洒向坟顶。）"五谷散人来，代代子孙大发财。五谷散后土，代代子孙五代祖。五谷散得完，代代子孙中状元。大进大发，富贵荣华，百子千孙。进。"

地师呼毕，再将米斗内之五谷、钉子、镲币分给丧家亲族。

附：逐月成服吉日

正月：乙酉、庚寅、丙午、丁酉、癸巳、癸丑、戊午。

二月：甲子、庚寅、丙午、庚申、癸巳。

三月：甲子、乙酉、庚寅、丁酉、庚申、癸丑。

四月：甲子、乙酉、庚寅、丁酉、庚申、癸丑、戊午。

五月：乙酉、庚寅、庚申。

六月：甲子、乙酉、庚寅、丁酉、丙午、庚申。

七月：甲子、乙丑、丙午、丁酉、癸丑、戊午。

八月：甲子、庚寅、庚申、戊午。

九月：甲子、乙酉、庚寅、丁酉、丙午、庚申、戊午。

十月：甲子、乙酉、庚寅、丁酉、丙午、庚申、戊午。

十一月：甲子、乙酉、庚寅、丁酉、庚申。

十二月：甲子、乙酉、庚寅、丁酉、丙午、庚申、戊午。

回灵趋吉

凡安灵，必致水一盆、刀一把于门前，候孝眷到，各自洗刀净手而入。师咒曰：水洗家门常清净，刀斩邪魔永不侵，急急如律令。

除服吉日

宜鸣吠对，日忌重丧破日。
宫、羽音寅，角音巳，徵音申，商音亥日。

附：逐月除服吉日

正月：辛卯、乙卯，外丁卯、己卯、癸卯。
二月：戊辰、庚辰、壬辰、丙辰。
三月：辛巳、癸巳、乙巳、丁巳。
四月：庚午、壬午。
五月：乙未、巳未大吉，外辛吉。
六月：壬申、甲申、丙申、庚申。
七月：己酉，外癸酉、丁酉、乙酉、辛酉。
八月：甲戌、丙戌、戊戌、壬戌、寅戌。
九月：辛亥，外乙亥、丁亥、癸亥。
十月：丙子、庚子，外甲子、戊子。
十一月：乙丑、丁丑、己丑、辛丑。
十二月：戊寅，外丙寅、庚寅、壬寅、甲寅。

除灵周堂

大月从父向男而顺行，小月从母向女逆行，一日一位。推遇亡、客则吉，值人避之，无害也。

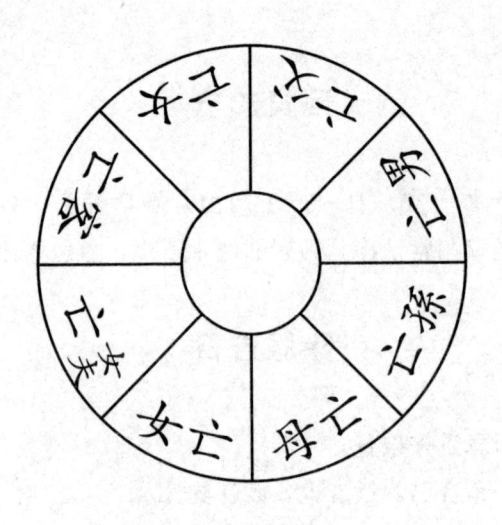

附：除灵周堂局

	初一 初二 初三 初四	初五 初六 初七 初八	初九 初十 十一 十二	十三 十四 十五 十六
	十七 十八 十九 二十	廿一 廿二 廿三 廿四	廿五 廿六 廿七 廿八	廿九 三十
大月	父亡男亡	孙亡母亡	女亡婿亡	客亡女亡
小月	母亡孙亡	男亡父亡	父亡客亡	婿亡女亡

附：除灵周堂值局趋避

值母：是日仙命之母，避在堂后。

值婿：是日仙命之婿，避在门外。

值亡：是日值亡，仙命本亡，大吉。

值孙：是日仙命之孙，避在门外。

值男：是日仙命之男，避在门外。
值父：是日仙命之父，避在门外。
值客：是日各宾客友，避在私室。
值女：是日仙命之女，避在堂后。

附：停丧、移柩

置柩停丧，宜坐四大利方道，太阳、太阴、天月德、三奇、青龙、华盖方安吉，忌太岁方、岁破、三杀、官符、丧门方。忌月破、大重、重丧、三丧、复日。而移柩要合周堂，宜值亡，若值人避之，吉。此惟停丧，在家则论之。

改写神主格式

高祖、曾祖、祖、考，神主每一辈改写一次。今人有三世不改者，殊为失礼。今定改主祭日、格式于后。宜清明、七月十五日、十月一日、冬至。

先行祭告

请职官一员。

维 ×年×月×日 孝孙某等敢昭告于

祖　考封×府君神主
　　妣封××氏神主

曰某等深荷祖宗覆育之恩日，虔奉祀之礼，今当某代理宜更主一遵文公家礼，世为定制，以示吾子孙。是宜陈告，神其鉴知！某不胜哀痛之至，尚飨。

改主毕请主入庙安奉祭告

维同前　四代同前

某代更主,圣人之定规;孝思无穷,人子之大事。今主既有庙,庶名正而言顺;百世蒸尝,幸英灵之安妥。孙孙子子,勿替引之。某不胜哀痛之至。

谨告:

祖考×封×府君祖主　　　　孝孙某人等奉祀
祖妣×封××氏神主

文公家礼　五等制服

高祖父母	齐衰三个月。
曾祖父母	齐衰五个月。
祖父母	齐衰一年不杖,父不在斩衰三年。
父母	斩衰三年,粗布杖,父竹、母木。
伯叔祖父母	小功五个月。
伯父母、叔父母、伯叔兄弟俱一年。	
夫	三年斩衰。
妻	一年。父母在不杖齐衰,父母不在杖服。
姑娘姊妹	在室一年,出嫁大功九个月。
兄弟并妇	期年。
侄并妇	功九月。
侄女	在室缌麻出嫁。
长子并妇	一年。
众子	一年。
众子妇	大功九月。
长孙	一年。
长孙妇	小功五个月。
众孙	大功九个月。
众孙妇	缌麻三个月。
曾孙	缌麻三个月。
曾孙妇	无服。

玄孙	缌麻三个月。
玄孙	妇无服。
已身女	在室小功，出嫁缌麻。
妻之父母	缌麻三个月。
妻伯父叔姆母妇	俱无服

三父八母

同居继父	一年。
异居继父	无服。
随母嫁父	齐衰杖期一年。
嫡母	妾生子称父正妻，斩衰三年。
继母	父之后娶妻，斩衰三年。
养母	自幼过房于人，斩衰三年。
慈母	所生母死，令别妾哺养，斩衰三年。
庶母	谓父妾嫡子众子齐衰杖期所生子，斩衰三年。
嫁母	谓父死嫁他人，杖期一年。
出母	谓母亲被父出，齐衰一年。
乳母	谓父妾哺乳者，即奶母，缌麻。

开山斩草礼仪式

凡人家创立新坟，预先开山斩草，破土立券，须用被克吉日。到于新地，设立门户，摆列坛场，逐一祭告，为之开山斩草者。人生以草为褥。草者，地之毛。人生游于地上，死则归于地下，乃人之始终不离草，故曰斩草。坟地不论大小，取地心中为中央，至诚之所祭祀，设立明堂。明堂者，丙火明德之称，故为明堂。目天子至于庶人，不可不立，不可不祭。天子为皇堂，大夫为享堂，庶人为明堂。不开山、不斩草，名次葬；不立明堂，名为闇葬。皆主亡人不安，生人不利。若开山斩草，只要诚敬祭神如在，岂有大祭而降福，小祭而降祸哉！是曰：破土就该立券，砌立明堂。

秘诀：三先立明堂，人口安康，待吉日安葬。且如天子斩竹，诸侯斩苇，庶人斩草。阳月斩节上，阴月斩节下，以五色线束之，放在五帝位前，并弓箭刀。领祭主告东门而进至南门，跪迎请神座就，到后土坛行三献大礼毕，出坛东西序立行赞礼，祭西门毕，祭太岁坛，祭阡陌礼毕，至明堂前，祭土府出坛，引孝子到幽堂前行礼，仍赴五帝位前读券文，领弓箭刀至穴，所行三斩三射毕，将刀丢去五步，行至五帝位行礼告谢，将纸马神牌等项送去阡陌所焚化毕，可将祭物少许及谷草埋在螣蛇死门方向，掘一尺深利，领孝子至穴，所用银刀划穴开地取土定向，安砌明堂。

凡人家寻术士，须要留心访问，知正经术业，先行斋戒、沐浴，彼此吉利。

祭坛图式

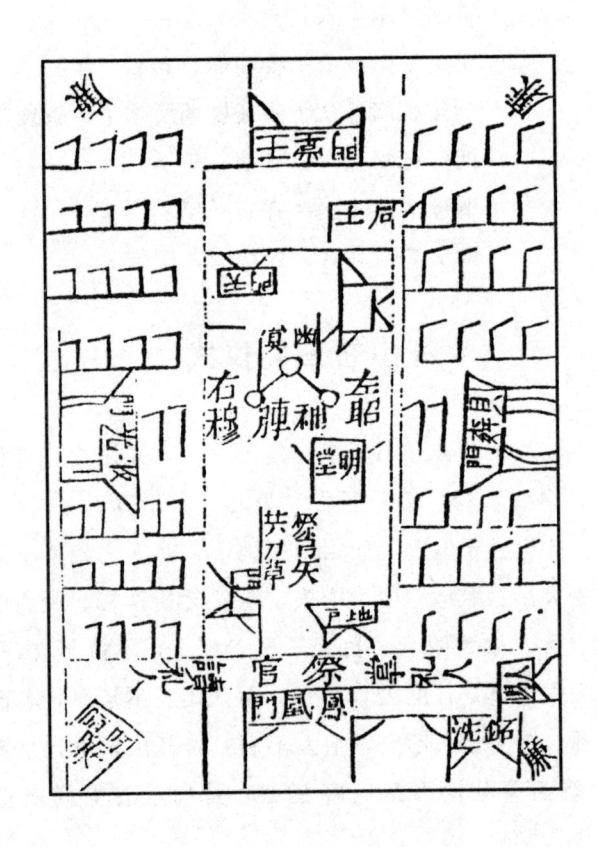

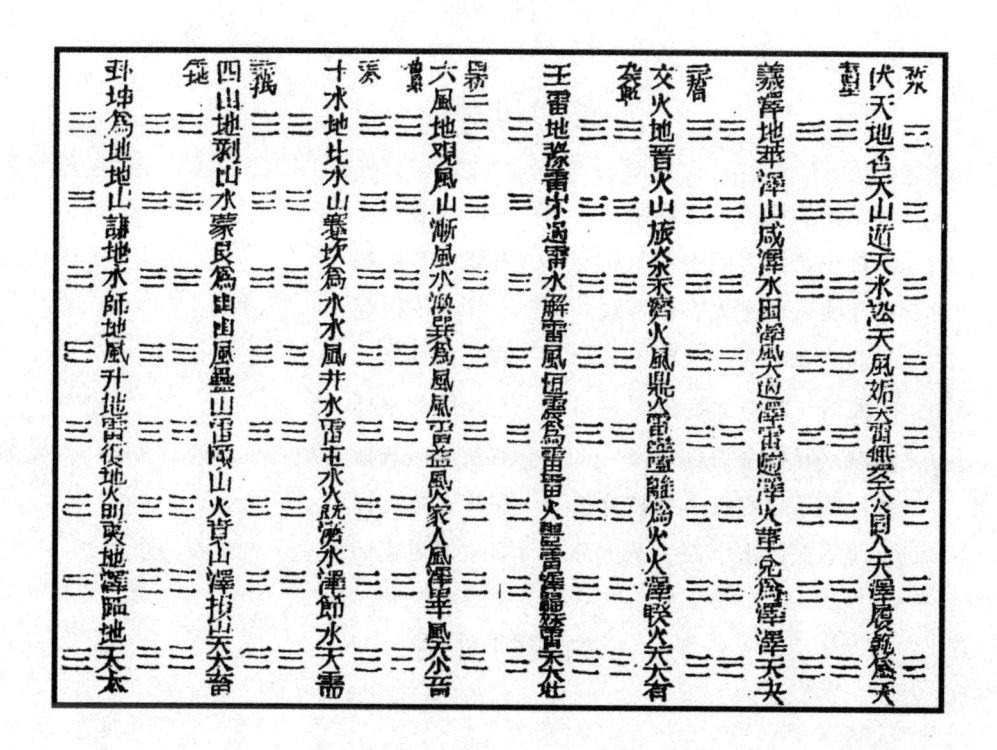

明堂安奉图

大葬明堂，安八角，应八门。若用六角，主子孙瘫患。先王明堂用玉石三百六十枚，诸侯伯用砖一百二十枚，卿大夫六十四枚，士庶人四十九枚，僧道二十四枚。中央立券明镜悬镇物以方安之。按格书八卦奇遇布之。葬后，用砖四枚，殊书：乾天圆，坤地方，巽律令，艮九章。埋四句深三尺，则吉。

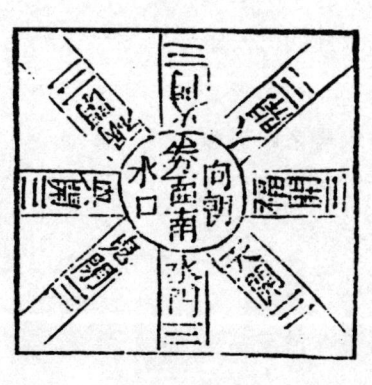

外四门对联

青龙俯伏镇千邪而远遁　　左和风开阳标
水德重荤发万物于青阳　　右薰时布政标
祥开鸣凤地灵人杰承万载　左祥开鸣凤标
瑞起吟龙山明水秀助千春　右会昌景云标
茔兆清宁赖章光而进气　　左少阳动泉标
佳城兴旺托金德以扶持　　右素灵居政标
贪巨武皇自本根而分枝分派　左神通德化标
宝冠华盖由祖宗而生子生孙　右收光重实标

内四门对联

开天门：
　　天门正开常保子孙而有庆　　安乾地
　　龙穴砂水须佑合宅以均安

闭地户：
　　正喜东南佑我家宅康泰　　安巽地
　　地灵永避原祈亡灵安宁

留人门：
　　林木茂盛伏祈牛眠之地　　安坤地
　　福留人间永履四时安康

塞鬼路：
　　开塞鬼路永避诸凶祸恶　　安艮地
　　神箭射之方祈万祸不侵

盥洗所：
　　涤虑清心迎圣德　　安坛外土地
　　鞠躬稽首迓元真

酒坛所：

　　　　恪见琼浆献圣众
　　　　严肃一降供高墓　　　　　　　安坛外己地

太岁坛：
　　　　位居阴府八方朝供添吉兆
　　　　穴住龙宫四时起伏降祯祥　　　安己地

阡陌坛：
　　　　阡陌使者俾道路以清宁
　　　　冥路幽祗庶伏尸而远遁　　　　安坤方

幽穴宫：
　　　　点穴天路佑子孙而兴旺
　　　　葬乘生气保后代以安康　　　　安天煞

后土宫：
　　　　圣德森严统诸煞之禁忌
　　　　神威敷布掌远近之吉凶　　　　安艮位

明堂坛：
　　　　打得正形保身安而亡稳
　　　　聚气藏风佑圣子于神孙　　　　安地心

建佳城：
　　　　久远安吉兆
　　　　千载庆佳城　　　　　　　　　安南门外百姓兴旺

五帝标

　　每长五尺，按五色插四维，上挂彩缎。乾为天廉路大神标，坤为地廉路大神标，艮为山廉路大神标，巽为风廉路大神标，中央皇帝曰土位总统大神标，长一丈二尺押中央。

插标分路[①]

一乾二兑三是离,四震五巽六坎下。

七艮八坤之奎降,此天便是冲天卦。

天南地北斜角穿连,周而复始卦取本源。

凡标杆用六尺高,四门八标用八尺高,廉路标用九尺高,中央标用一丈五尺高。凡为标旗,俱照图式写法,不许遗漏。秘诀云:标上无名,定出夜行之人,慎之慎之!

天子标高二丈四尺,诸侯标高一丈一尺,卿大夫标高一丈二尺,士庶人标高六尺,僧道师尼标高五尺,俱应天地气数、五行星象。

凡茔内神牌甚多,师人照坛便用,难以尽述。

请神告文

一与洗手省性,东门进,南门出。

维　　年岁次　月　朔　祭日　祭主　人、祭官　人,谨以牲牢信币香酒时果之仪文,敢昭告于后土地祇五方五帝十二元神、太岁月建蒿里直符土府门下千二百神曰:今为清故显考　人之丧,奄逝以来,未卜茔地,今择高原,特来开山、斩草、破土、栽穴,敬设罪祭伏望,尊神龙驾临,　不胜感戴之至。右俱谨,清洗省性后迎神行礼人。后土。

维　　同前,谨以大年之仪,敢昭告于后土皇帝之神曰:兹因　于年月日时奄逝,未卜茔地,今择高原,特来开山、斩草、破土、栽穴,至　月立冢安葬。维神默佑,谨以祭告。尚享。

告五方

告东方　俳同前

[①] 天泽火雷风水山地。

东方木，德麒麟之神曰：伏缘　维神威崇震路显赫，除邪压气，不致于邀拦陌路合从于蒿里，伏愿破土之后，柩进无难。尚享。

告南方

南方火，德凤凰之神曰：伏缘　维神翱翔扶路，飞舞腾空为祥为瑞，招告事于穴前作福作威，降告西方他界，伏愿破土之后，柩进无凶。尚享。

告西方

西方金，德革光之神曰：伏缘　维神明开径路，不犯幽祇，遗后嗣以光荣，助家门而高大，妖邪避去，吉事来临，伏愿破土之后，柩进无危。尚享。

告北方

北方水，德玉堂之神曰：伏缘　维神灵威赫奕，钜德昭明，驱游魂而远遁，集福德于新茔，勿令大道迤逦前行，伏愿破土之后，柩进平安。尚享。

明堂祭土府

山家土府曰：应神祇土府门下千二百神曰：伏缘　维神遵居土府，位奠中央，统五方宰制之权，遂万物生成之主，城隍社令各施职事之岁，土地方隅共守丘陵之正，令辰破土之后赞襄。尚享。

祭幽堂

幽堂亭长丘墓地祇之神曰：伏缘　维神灵威玄气掌理幽宫，仰劳降佑，伏愿破土之后，施幽穴清净，故气消除，亡者安宁，生者永吉。尚享。

祭太岁

值年太岁至德尊神曰：伏缘　维神位居阴府，掌理冥星，乃年中天子，常以除邪降祥，施吉庆于穴前，荡去恶于地界，伏愿破土之后，保生安亡稳。尚享。

祭阡陌

仟陌五道值路幽祗之神曰：伏缘　维神威尊五路，掌握各方境界凶邪，悉遣潜藏神魂，宁稳特附原间，千秋百世，永享祯祥。尚享。

送神文

维同前伏以在位。

诸神宣券已毕，斩草已终，安葬父母于此，地周月定二十四路内外有三十八将，天、地、人分于三才，上、中、下定以九穴，游水通于八周，地脉归于三阳，明堂立于中位，廉路死丧而不犯天狱，殃祸并无侵，天开分子午之乡，地斩按西东之位。伏愿安葬之后，保佑祭主，宅居清净，家门康泰，幸垂洪佑矣！尚享。

立券文契

堂券从左边写，墓券从右边写。

维×年（岁次）×月×日，今据×国×府×州×县×坊×乡，居住祭主×官孝男×姓。

讳等伏缘明故先者，讳生于×年×月×日×时，卒于×年×月×日×时，自从奄逝以来未卜茔地，夙夜忧思，不遑寝处，遂令师者卜此高原来去朝迎地，占龙吉地，属某县某郊外打之原宜作山向，堪为宅兆，已备净钱九万九千九百九十九贯文兼五彩信帛，于皇天后土处，买到龙子岗阴地一方，南北长某东西阔，东至青龙，西至白虎，南至朱雀，北至玄武，上指青天，下指黄泉，中分某穴，立祖昭穆分葬永为阴宅。内方勾陈分掌四域，邱墓丞伯，封步界四半道路将军，齐整阡陌，致使千秋百载，永无殃咎。若有干犯合禁管者，并令将军亭长缚付河泊。今备珠宝牲牢酒脯百味信新，共为信契，财地交相各已分付，工匠修茔安厝已竣，永保全吉。

知见人岁主××之神，月主人××之神，伏保人日直符××之神，时直符××之神，左邻人东王翁，右邻人西王母，验地人白鹤仙，书契人青衣童子。

故气邪精不得干扰，先有居者，永避万里。若违此约，地府主吏自当其祸。改葬土外，存亡悉皆安吉。急急五帝使者女青律令。券立二本，一本奏上后土地祇，一本给付墓中亡过立祖某人收执，准伏付身永远照用。今分券背书又立合同二字，故气伏尸永不侵争。

须至券者：大清×年×月×日×时孝子×人。

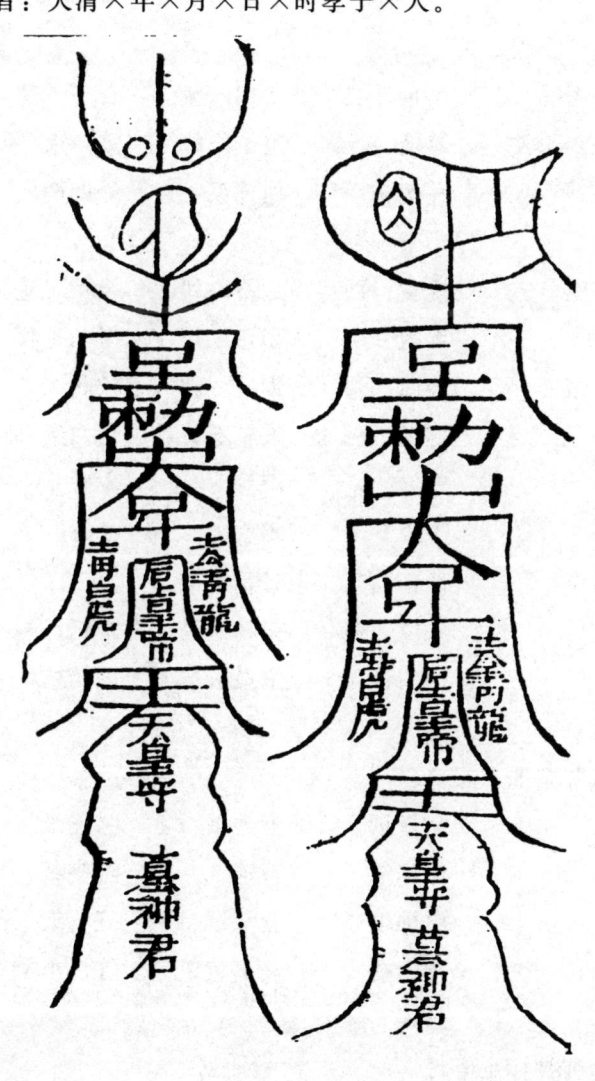

坛内纸张明堂物件

券砖二个　　　小砖六十四个　　黄蜡　　木炭
青烟　　　　　广胶　　　　　　历青　　金墨
定粉　　　　　铜绿　　　　　　硃砂　　银朱
新笔

以上俱做砖用。

砚瓦一面　　　墨二锭
太重斤二个　　小重斤二个　　　木匙一个　　石子二个
大钱三百六十文　铜镜一斤　　　鸡子二枚　　筋一束
绢袋一条　　　乱丝一斤　　　　白棉纸一刀　绵四两
新笔一枝　　　经书一部
万年灯一案　　雄黄一两　　　　玉石一块　　金银二锭
香炉一个　　　水瓶一个　　　　小鱼二尾　　车辐一根
柏木柱一根　　神曲一块　　　　铜铃一枚　　铁丝二两
朵弓一张　　　柳箭三矢　　　　五精石五块　黄白纸马四
牛牢　　　　　鹿脯　　　　　　沉香　　　　木香
乳香　　　　　丁香　　　　　　藿香　　　　松香
天精巴戟　　　地精芍药　　　　日精乌头
月精宫桂　　　人精人参　　　　鬼精鬼箭　　神精茯神
吞精杜仲　　　松精茯苓　　　　道经远志　　山精桔梗
兽精狼毒

以上俱入明堂照方安之。

官红纸　　　　官青纸　　　　　青连纸　　　绿连纸
红连纸　　　　黄连纸　　　　　青连纸　　　红笺纸
扛连纸　　　　白棉纸　　　　　蓝笺纸　　　五花纸
金银箔　　　　青烟墨　　　　　高头黄笔　　红白小笔
大麻杆　　　　脉线

以上俱为牌神标出等件。

砌明堂口诀

地心明堂里用砖，六十四卦按先天。
砚瓦似面墨似眉，大重似角小重肩。
匙为舌头鸡子眼，腰石筋丝筋为胁。
钱似骨枯绢袋肠，铜镜胸膛绵为肉。
白纸似皮笔为尾，玉石金银为宝器。
经书全备子孙儒，男女孝顺世贤良。
明灯一盏万年吉，神曲五谷发福余。
清香雄黄押凶恶，面前两边比目鱼。
车辐安左铃丝右，香炉南方瓶北居。
中央戊己擎天柱，一尺二寸按伏义。
鹿牛纸马塞地户，桑弓柳箭射鬼路。
有人晓得明堂理，出在洪泉秘诀书。

直符神

年直在亥是根由，不用子午向上求。月直还从申上起，寅卯二位不中休。

日直逢到巳字上，除丁亥字总是休。时直寅上冲申酉，五逆五顺两指头。

解曰：如戌午年直从神亥上起，甲戌上、乙酉上、丙申上、丁未是戌字，乃为小吉之神，此乃五逆。又如癸亥年直从子上是己丑上、庚寅上、辛卯上、壬辰上，遇癸字即是天罡之神，此乃五顺。余皆仿此，万无一失。

秘诀云：凡立明堂，须用四直神掌卷。若无直符主事，葬后发凶。皆因买地不立证，见后土伏尸相争，即为盗葬，主鬼魂不安，以致生人不利也。大葬祭物主人不可妇持，主重服大凶。

斩草仪注

用草九根，五色线束之，并弓箭刀，先设在明堂前，须孝子进东门，出南门，先请山家诸神，祀后土祭四门、太岁、仟陌。祭明堂，幽穴已毕，领孝子于明堂前，取弓箭、刀草至穴所，祝生念：上启九天，下告于地，今日斩草，殃去福至，今孝子执弓箭，向东北鬼路射一箭，斩草一段，三射三斩，祝曰：一箭射天殃，二箭射地殃，三箭射鬼殃，射断凶恶鬼，永远离家乡。

一斩去天殃，妖魔尽损伤，星辰来护卫，日月显三光。

二斩去地殃，戊己坐中方，伏尸皆化散，魍魉总消亡。

三斩去鬼殃，鬼魅尽潜藏，亡魂超仙界，穴内永祯祥。

下针定向

乾元亨利贞，针法理尤深，能祭致宅事，阴阳妙有灵，秘诀似神通，至灵至望感应，奉请苗光乔、赵光普、袁天罡、李淳风一切先师，悉故真香并同供奉。今有某府人，孝子某为因某丧，天有三奇，地有六仪，精灵异怪，故气伏尸，黄泥赤土，瓦砾坟墓，放光百步，随针见之，急急如律令。

划穴起土

天圆地方，律令九章。今辰破土，万事吉昌。金锄一举，瑞满山冈。鬼魅凶恶，远去他方。金锹再举，起圹安祥。千秋百岁，富贵永昌。

一划天门开阔，二划地户紧闭，三划鬼路塞严，四划人道通利。

附：盖棺口诀

日吉时良天地开，盖棺大吉大发财，天清地灵日月明，盖棺子孙进财丁。

附：封钉口诀

诀一：手执金斧要封钉，东西南北四方明。朱雀玄武来拱照，青龙白虎两边排。一钉添丁及进财，二钉福禄天降来，三钉三元及第早，四钉子孙满厅阶，代代子孙大发财。（此诀最被广为采用）。

诀二：一封天官赐福，二封地府安康，三封生人长寿，四封百煞潜消，五封子孙世代荣昌。

附：赐杖口诀

赐杖是祯祥，福禄寿双全。房房受富贵，代代名传扬。

附：承服口诀

家门千载盛，富贵万年兴。房房皆富贵，代代出贤人。

附：外家接服口诀

今日外家来接服，身穿麻衫哀哀哭。你母今日丧事过，丧事已去进百福。

附：外家封棺口诀

双膝跪落地中心，披麻执杖泪母亲。你母今日丧事过，丧事已去发万全。你今有孝心，双脚跪黄金。你今请站起，代代出贤人。

附：开锣口诀

手拿金锣打三声，道士来吊亡升天。你母今日丧事过，丧事已去富万年。锣声打起响溱溱，孝门家下大吉兴。佛祖面前为功德，儿孙代代出贤人。

明堂步数

宫文商贪角巨门，羽音属水起廉贞，
徵音破军加其位，一步一星定吉凶。
贪狼巨武左右吉，禄文廉破欺家缘，
起例：贪巨禄文廉武破左右。

祭坛仪物

设坛九座，每位猪首、三牲、糖桌、坐斗、果品汤馔香烟、奠酒、新碗、新钟、新席九领全祭宫，祝生即术士。

水盆	手巾	苕帚	簸箕	活鸡	黍稷饭
新坛钱	划穴银	金银	银罐	围坛布挺道布	
四方彩缎	中央黄缎	望山红缎	踏堂鞋	竹杆弓箭	
刀草	醋坛	金银香炉全			

三献祀终请饮福受胙破土开穴礼毕。

幽穴浅深[①]

乾山巨门兑禄存，艮山文曲离廉贞。
坎山武曲坤破军，震宫左辅巽右弼。

---

① 贪巨武上吉，左右次吉。

又法：在下属阴以戌字一至尺一丈丁字用甲丙庚壬吉。

封墓高低

封冢高下相山冈，不可凌越要抱藏。
在上属阳从建起，二九丈一合吉祥。
高三尺满吉，九尺成吉。
一丈一尺开吉，一丈七尺定吉。

葬后谢墓

诀曰：凡造葬，有犯神祇，事毕，择日理当吉谢，亦如破土之礼，以全始终之感。

谢神告文

后土　明堂　阡陌　幽堂

维同前祭官　祭主　谨以牲馐时果之仪敢昭告于后土其帝某神曰：伏缘丧某某日立坟造圹，克日已完，尤恐经始之日，匠氏不谨，惊犯神祇，仰厚德之宽容，使亡魂以宁，思谒诚以告谢，祈福荫以无穷。尚享。

设五色幡旗，宫姓黄白幡，商姓青白幡，角姓青绿幡，徵姓青红幡，羽音青黑幡，立本音元曹位，上设坛祭告大吉。

旧坟告祖

曰祖某妣某日伏缘　于年月日时奄逝，停柩自家未及安厝，今以鸣吠吉日，特来祖茔之内，次序栽穴，兹欲破土，恐有惊魂，理当预告，伏愿尊灵幸垂鉴知。尚享。

立碑示论

凡立祖定向，须要立一小碑碣于冢前，今师人书定来山去水向朝某星穴深九尺，以示后术仿此而行，庶无差误。若不如此，后人不知某山穴向、穴浅、穴深，必然返逆山向，浅深不一。秘诀云：是乃背祖脱脉，主子孙忤逆，离乡别土灭绝，故也，慎之慎之。

附：竖碑口诀

竖起玉笏天门开，左龙右虎两边排。
后代子孙大富贵，科甲连登及第来。
山山降下是真龙，乾坤正气旺此中。
诗书传家长荣耀，科科竖起状元旗。

乡俗通葬

夫葬有十法，各随乡俗，用法不同。盖葬，一曰阡陌葬，二曰金车葬，三曰窟葬，四曰突葬，五曰拢葬，六曰墩葬，七曰卧马葬，八曰昭穆葬，九曰礼经葬，十曰抱孙葬。今人多用昭穆为名，实乃正葬，只合次序。兄为昭，弟为穆，子陪父葬，侄陪叔伯，不可脱脉。今将葬法正图，开明于后。

昭穆 或空七尺

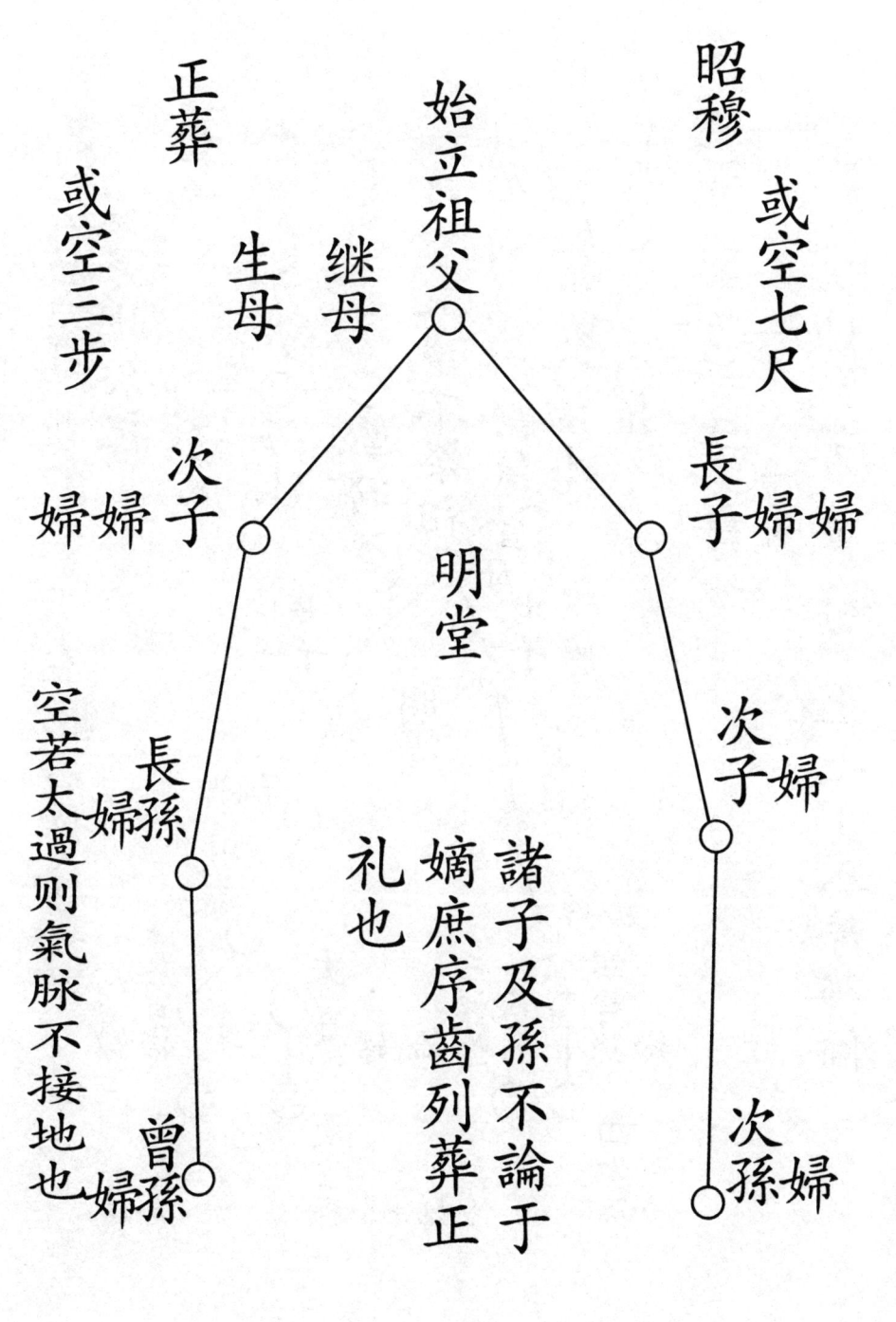

始立祖父

正葬 继母 生母

或空三步

次子婦婦 長子婦婦

明堂

次子婦

長孫婦

諸子及孫不論于嫡庶序齒列葬正礼也

空若太過則氣脉不接地也

曾孫婦

次孫婦

后土坟

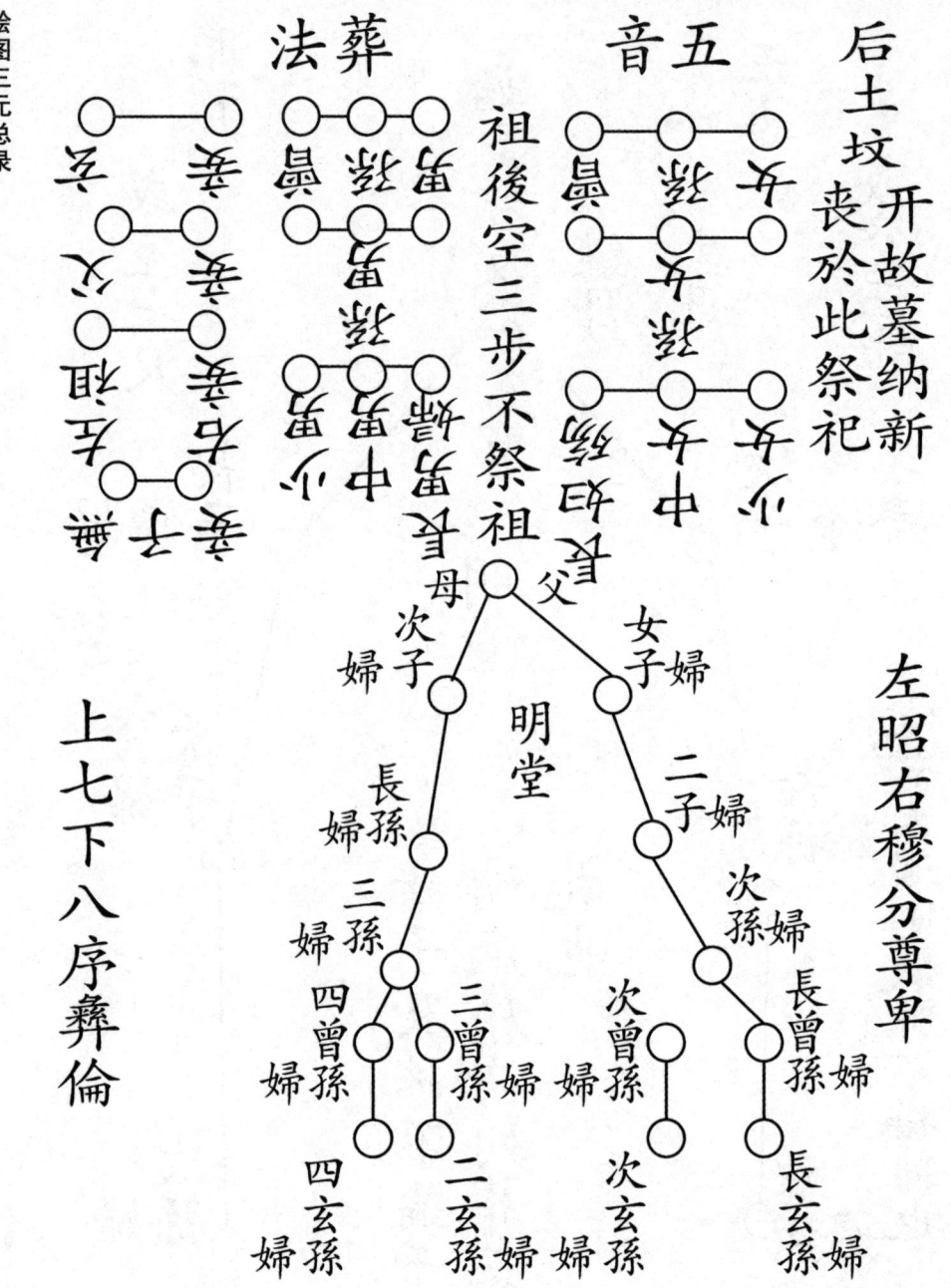

开故墓纳新丧於此祭祀

○—○—○
　　　曩
○—○—○
　女女
○—○—○
　　　继母继父

五音

○—○—○
　　　曩
○—○—○
　女女中
○—○—○
　女女
继母继父

葬法

○—○—○
　　　曩
○—○—○
　母中母
○—○—○
　母母
继母继父

祖後空三步不祭祖

左昭右穆分尊卑

```
              父
          ／    ＼
        母         女
      次子        婦
      婦          ／  ＼
      ／           二子
    長孫         婦
    婦            ／ ＼
    ／           次孫
  三孫           婦
  婦            ／ ＼
  ／          次曾孫  長曾孫
四曾孫 三曾孫  婦      婦
婦     婦      ／      ／
／      ／   次玄孫  長玄孫
四玄孫 二玄孫 婦      婦
婦     婦
```

明堂

○—○—○
　　　曩
○—○—○
　　　妾
○—○—○
　妻妻
○—○—○
　夫妻妻妾
夫子丑

上七下八序彝倫

音五昭穆抱孫

五音昭穆抱孫圖

左昭　右穆

堂

左昭　右穆

大門

無兒無女者
葬於此地
首
分尊卑

有女無兒者
葬於此地
首
分尊卑

柳氏家藏荃元秘訣卷下

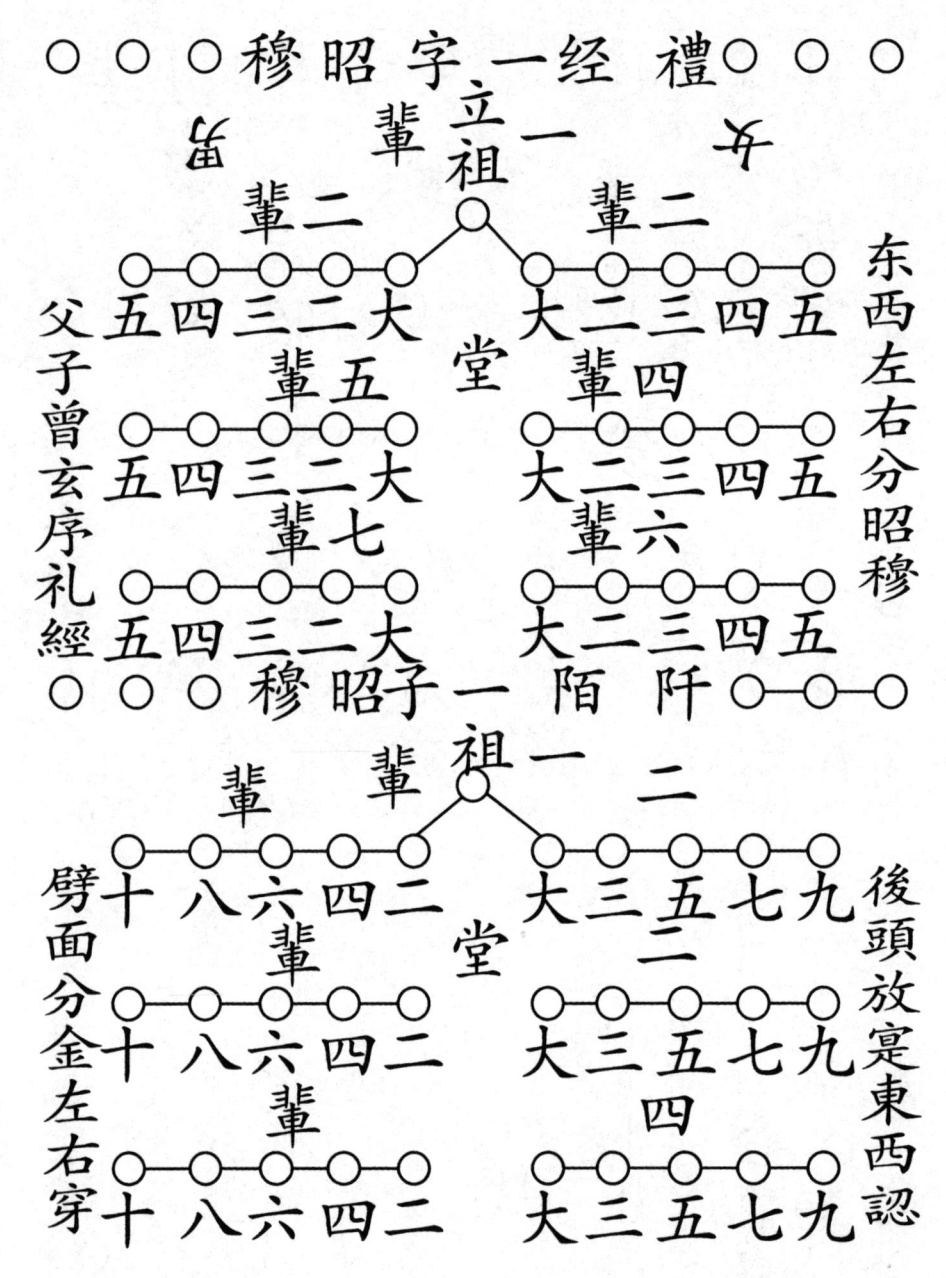

礼○○○穆昭字一经礼○○○
　　　　位辈立祖　　女
　　　　　辈二　　○　辈二
　　　○─○─○─○─○　○─○─○─○─○　东
　　　五　四　三　二　大　大　二　三　四　五　西
父　　　　　　辈五　堂　　　辈　　　　　左
子　　　○─○─○─○─○　○─○─○─○─○　右
曾　　　五　四　三　二　大　大　二　三　四　五　分
玄　　　　　　辈七　　　　　辈六　　　　　昭
序　　　○─○─○─○─○　○─○─○─○─○　穆
礼　　　五　四　三　二　大　大　二　三　四　五
经○○○穆昭子一陌阡○─○─○
　　　　辈辈祖　二
　　　○─○─○─○　○─○─○─○　後
　　　十　八　六　四　二　大　三　五　七　九　頭
劈　　　　　　辈　堂　　　二　　　　　放
面　　　○─○─○─○　○─○─○─○　寔
分　　　十　八　六　四　二　大　三　五　七　九　東
金　　　　　　辈　　　　　四　　　　　西
左　　　○─○─○─○　○─○─○─○　認
右
穿　　　十　八　六　四　二　大　三　五　七　九

五音

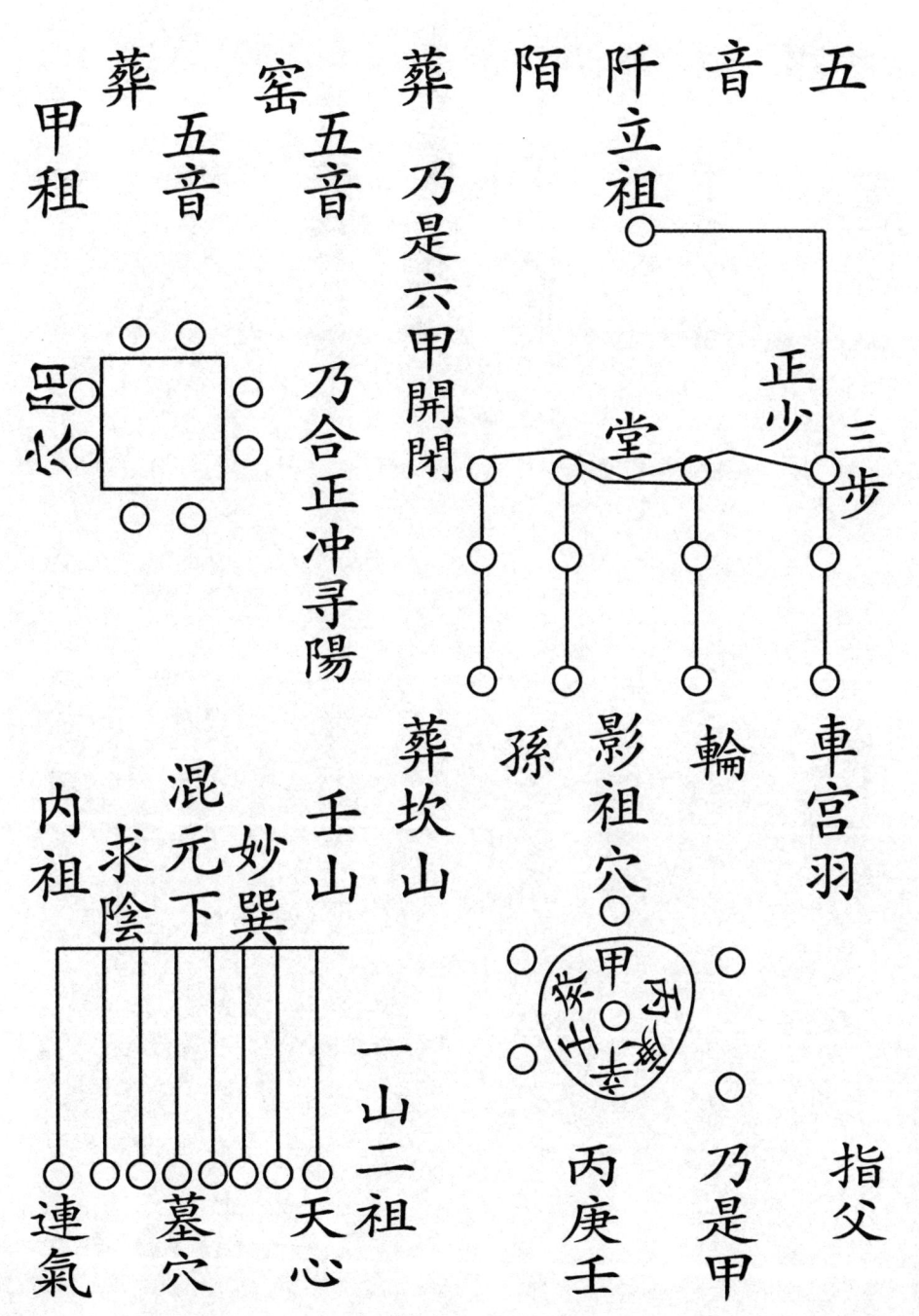

音

阡立祖

陌乃是六甲開閉

葬五音乃合正冲尋陽

窯五音

葬五音

葬甲祖

正少 三步

堂

車宮羽

輪

影祖穴

孫

葬坎山

壬山

一山二祖

天心

墓穴

混元下求陰

妙巽

內祖

連氣

指父

乃是甲

丙庚壬

柳氏家藏堃元秘訣卷下

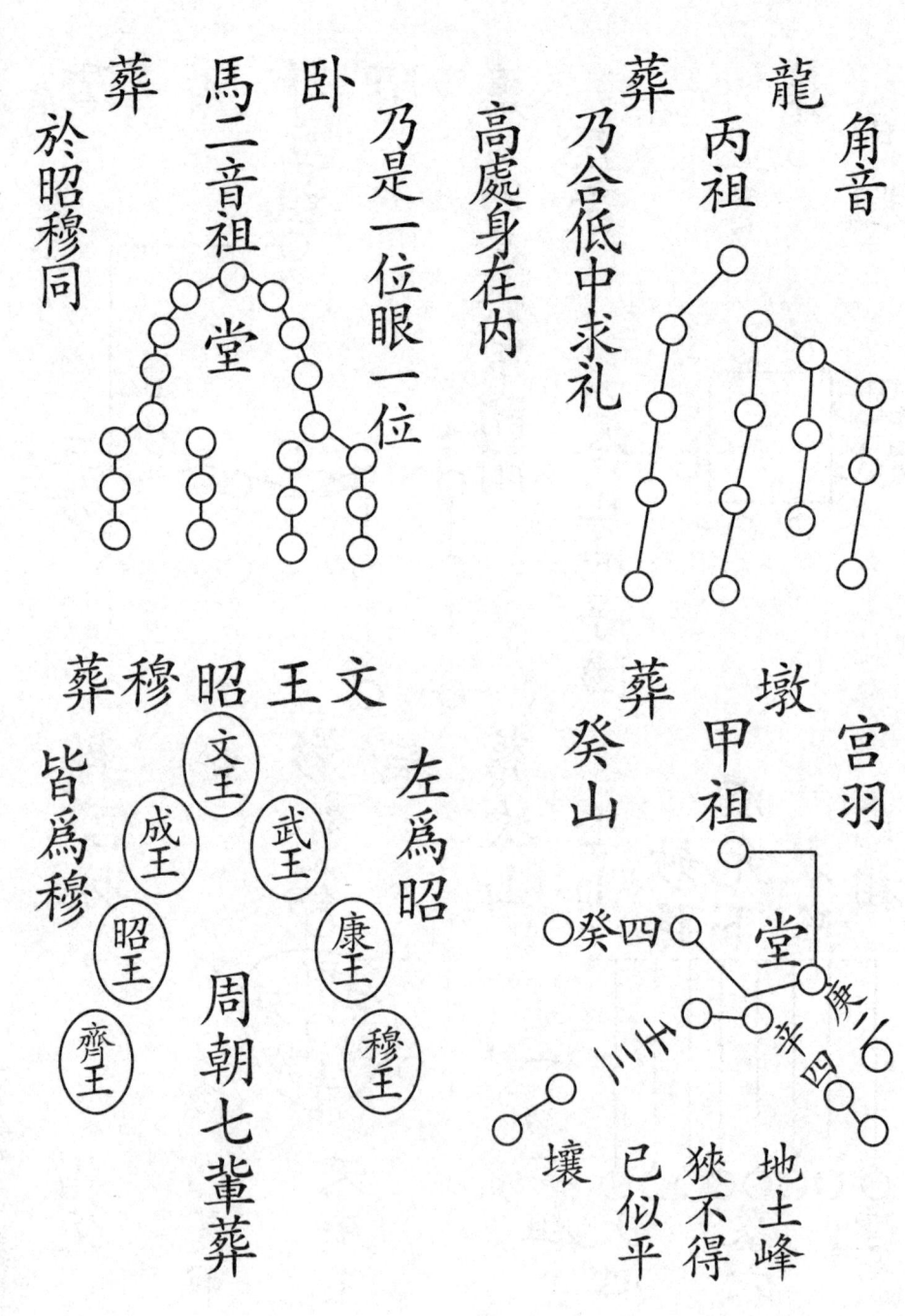

角音

龍丙祖

葬乃合低中求礼
高處身在内
卧乃是一位眼一位
馬二音祖堂
葬於昭穆同

宮羽

墩甲祖

葬癸山

地土峰
狹不得
已似平
壞

文王
左爲昭
昭（文王）
（武王）
（成王）
（康王）
穆（昭王）
（穆王）
葬（齊王）
皆爲穆

周朝七輩葬

礼弟從
終五音祖
葬兄外〇

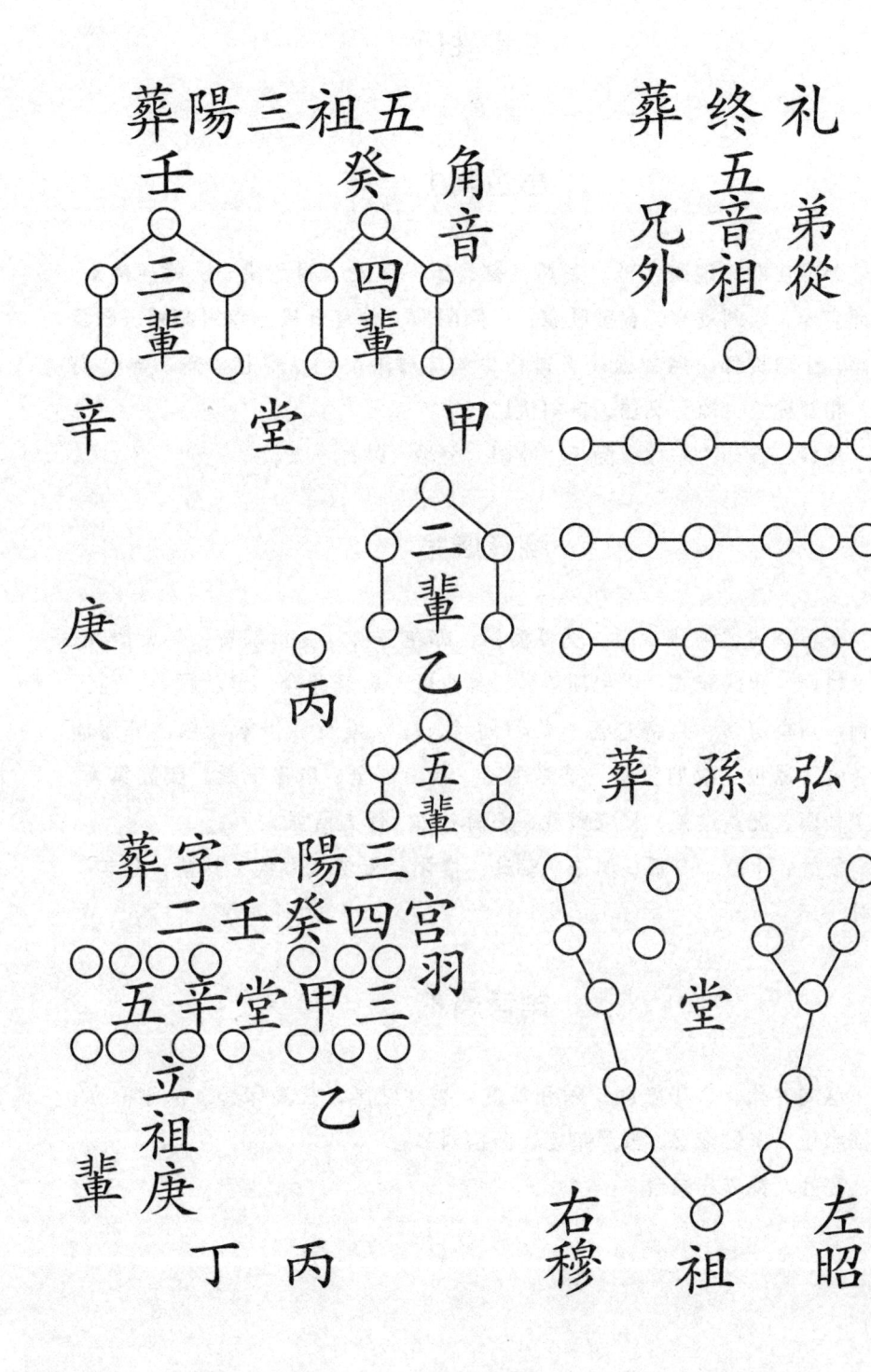

弘孫葬
堂
左昭 祖 右穆

五祖三陽葬
角音 癸 壬
  四 三
  輩 輩
 甲 辛
 二
 輩乙
 五
 輩
五宮三陽一字葬
四羽 癸 壬 二
三 甲 堂辛 五
 乙 立 輩
 丙 祖庚
 丁
庚 堂

五音姓氏

宫音属土

孙冯沈严、魏陶水范、彭凤任鄢、鲍岑倪殷、明计谈宋、熊屈闵童、林邱应异、农闫夏充、容暨耿寇、广阙阴仰、仲宫日景、幸司韶划、满蒙屠阀、于双贯郁、麴封松糜、逢桂牛勾、敖融简阴、空乜沙鞠、丰红游权、相蹇逯公、桓弓满居、冉斜仇屈。

复姓：公孙　东方　闻丘　欧阳　公冶　仲孙　太叔

商音属金

王蒋韩何、张戚章谢、奚葛潘昌、郎花方柳、汤雷邬贺、傅常康元、黄平姚邵、狄伏汪成、堪祀项茅、梁杜祝阮、席麻路余、贾壮顾徐、骆万樊柯、卢莫房解、寿尚通温、柴习向犹、匡文欧殳、伊暴叶白、鄂籍能苍、党杭嵇程、滑刑裴荣、羊惠邴巫、牧山郁全、申班记桑、阙蒯巢关、查盖靳南、况益过柏、杨安藏危、郭俞养库、邰人所强。

复姓：上官　令狐　鲜于　赫连　濮阳　夏侯　万俟　轩辕　公羊　长孙

角音属木

赵周曹孔、金华敬廉、乐和萧虞、裘文弘国、狄高印怀、从索乔弘、崔陆家焦、车侯雍宓、濮晁荆密、曲岳刘邹。

复姓：钟离　澹台

徵音属火

钱李郑陈、泰尤施姜、窦云史唐、薛滕毕罗、郝时皮齐、君相米代、纪舒蓝季、刁娄田钟、蔡支昝管、经边郏别、壮瞿连宦、易慎廖贞、普曾辛訾、聂郦芮甄、吉石单丁、宣贲邓翟、闻荀池宰、车赖咸厉、奕宁巩师、东竺那冷、遂利戈宦、谭劳姬宿。

复姓：尉迟　司马　司徒　申屠　诸葛　闻人

羽音属火

朱吴褚卫、许吕喻苏、鲁韦马苗、袁于费卜、伍余卜孟、顾毛穆禹、贝盛梅夏、胡霍凌缪、扈燕茹古、庾越戊武、祖待詹龙、夔满胥宗、巴龚翁羿、储殳富须、楚求于后、母蔚沃都、步终鱼浦、璩堵伏谷、鸟包。

复姓：慕容　宇文　淳于　宗政　皇甫　单于

调音秘诀

一宫舌居中，商开口张，角舌缩却，徵舌倒齿，羽口撮聚。

李淳风《总圣历》云：凡九州、城邑、军镇、驿市、寺观并属商音，用军空国属徵音，县镇乡邑属羽音，馆驿邮亭属角音，寺院属商音，宫观属宫音。

此书乃术中之的用师家之行本，价值千金，牢藏锦袭，非人勿示，故此云耳。